Kohlhammer

Gerhard Büttner/Hartmut Rupp (Hrsg.)

Theologisieren mit Kindern

Mit Beiträgen von
Gerhard Büttner, Dorothea von Choltitz, Hans-Bernhard Petermann
Hartmut Rupp, Heinz Schmidt, Jörg Thierfelder

Verlag W. Kohlhammer

Die Deutsche Bibliothek – CIP-Einheitsaufnahme

Theologisieren mit Kindern / Hrsg. : Gerhard Büttner ; Hartmut Rupp. - Stuttgart ; Berlin ; Köln : Kohlhammer, 2002
ISBN 3-17-017093-7

Alle Rechte vorbehalten
© 2002 W. Kohlhammer GmbH
Stuttgart Berlin Köln
Verlagsort: Stuttgart
Umschlag: Data Images GmbH
Gesamtherstellung:
W. Kohlhammer Druckerei GmbH + Co. Stuttgart
Printed in Germany

Inhaltsverzeichnis

Vorwort 7

Autorenverzeichnis 9

1. **Kinderfrage und Kindertheologie im religionspädagogischen Kontext**
   Heinz Schmidt 11

2. **Theodizee als Dilemma**
   Möglichkeiten und Grenzen der Dilemmadiskussion als Medium kindlichen Theologisierens
   Gerhard Büttner und *Hartmut Rupp* 21

3. **Mit theologischen „Klassikern" theologisieren**
   Ein Unterrichtsversuch zum „freien bzw. unfreien Willen" in einer 5. Klasse
   Gerhard Büttner und *Jörg Thierfelder* 35

4. **Freier oder unfreier Wille?**
   Ein Unterrichtsprotokoll 53

5. **Kommentar zu meinem Unterricht über den freien bzw. unfreien Willen**
   Dorothea von Choltitz 71

6. **Kinder brauchen Mythen**
   Hartmut Rupp 79

7. **Wie können Kinder Theologen sein?**
   Bemerkungen aus philosophischer Perspektive
   Hans-Bernhard Petermann 95

Vorwort

1998 beging die Badische Landeskirche ein „Kinderkirchenjahr". Sie nahm damit eine Anregung der EKD Synode 1994 in Halle auf, die einen „Perspektivenwechsel" für Kinder einforderte. Gemeint war: Erwachsene sollten anfangen, die Welt- und die Eigensicht der Kinder, ihre Fragen und Ausdrucksweisen wahr- und ernst zu nehmen. Eine wichtige Aufgabe des Kinderkirchenjahres war es, diesen Perspektivenwechsel bekannt zu machen und einzuüben. Ein herausragendes Ereignis war der „Kinderkirchengipfel" am Reformationstag 1998 in Konstanz, auf dem Kindern Raum gegeben wurde, als vollwertige Kirchenglieder ihre eigenen Sichtweisen und Interessen zu formulieren.

Der intendierte Perspektivenwechsel stellt uns vor einige praktische und theoretische Probleme. Um diese angemessen bestimmen und bearbeiten zu können, entschlossen sich das Institut für Weiterbildung der Pädagogischen Hochschule in Heidelberg und das Religionspädagogische Institut der Badischen Landeskirche, Multiplikatorinnen und Multiplikatoren in der Kinderarbeit zu einem wissenschaftlichen Symposion unter dem Thema „Theologisieren mit Kindern" nach Heidelberg einzuladen. Geplant war

- unterschiedliche didaktische und methodische Wege in Theorie und Praxis vorzustellen, um Kinder zum eigenständigen Theologisieren anzuregen (vgl. die Studien von G. Büttner, D. von Choltitz, J. Thierfelder und H. Rupp),
- diese Wege mit dem Ansatz „Philosophieren mit Kindern" zu vergleichen und kritisch zu überprüfen (vgl. die Studie von H.-B. Petermann) und
- das Anliegen „Theologisieren mit Kindern" geschichtlich zu verorten (vgl. die Ausarbeitung von H. Schmidt).

Entscheidend für das Vorgehen war die Einsicht, dass es nicht genügen kann, bloße Programme zu entwerfen. Theoretische Einsichten bedürfen vielmehr der exemplarischen praktischen Umsetzung, um anschaulich, überprüfbar und praxisrelevant zu werden. Aus diesem Grunde wurden die vorgestellten Ansätze im evangelischen Religionsunterricht einer 4. Grundschulklasse sowie in zwei 5. Klassen des Gymnasiums unterrichtlich umgesetzt und jeweils durch eine Unterrichtsmitschau dokumentiert. Die vorgestellten Einsichten und Schlussfolgerungen verstehen sich als Vorbereitung und Reflexion dieser Praxis und wollen sich an diesen Dokumenten überprüfen lassen. Besonderer Dank gebührt den Kolleginnen Rita Bube (Grundschule Karlsruhe-Rüppurr), Dorothea von Choltitz (Bach-Gymnasium Mannheim), Friederun Holmes (Gymnasium Walldorf) sowie dem Audiovisuellen Zentrum der Pädagogischen Hochschule Heidelberg, die diese Aufzeichnungen ermöglicht haben.

Zu danken ist darüber hinaus Herrn Prof. Heinz Schmidt, Herrn Prof. Jörg Thierfelder sowie Herrn M.A. phil. Hans-Bernhard Petermann, die ganz selbstverständlich bereit waren, an dieser Unternehmung mitzuwirken und ihre Beiträge für diese Veröffentlichung noch einmal zu überarbeiten. Katharina Kammeyer und Ina Mähringer haben das Manuskript dankenswerterweise eingehend geprüft. Für einen Druckkostenzuschuss danken wir der Ev. Landeskirche Baden, dem Religionspädagogischen Institut in Karlsruhe und der Vereinigung der Freunde der Pädagogischen Hochschule Heidelberg.

Gerhard Büttner
Hartmut Rupp

Autorenverzeichnis

Prof. Dr. Gerhard Büttner lehrt Ev. Theologie und Religionspädagogik an der Universität Dortmund

Pfarrerin Dorothea von Choltitz ist Gemeindepfarrerin in Hockenheim

Dipl. Theol. M.A. phil. Hans-Bernhard Petermann lehrt Philosophie an der Pädagogischen Hochschule Heidelberg

Prof. Dr. Hartmut Rupp ist Studienleiter am Religionspädagogischen Institut der Badischen Landeskirche in Karlsruhe und Honorarprofessor an der Ev. Theologischen Fakultät der Universität Heidelberg

Prof. Dr. Heinz Schmidt lehrt Praktische Theologie an der Ev. Theologischen Fakultät der Universität Heidelberg und ist Direktor des Diakoniewissenschaftlichen Instituts

Prof. Dr. Jörg Thierfelder lehrt Ev. Theologie und Religionspädagogik an der Pädagogischen Hochschule Heidelberg und ist Honorarprofessor an der Ev. Theologischen Fakultät der Universität Heidelberg

1. Kinderfrage und Kindertheologie im religionspädagogischen Kontext

Heinz Schmidt

Die pädagogischen und didaktischen Interessen an Kinderfragen und Kindertheologie bzw. -philosophie schließen zweifellos an die reformpädagogischen Bestrebungen an, Erziehung und Unterricht „vom Kinde aus" und eben nicht von gesellschaftlichen und kulturellen Anforderungen her zu gestalten. Selbst wenn man Oelkers zustimmt, dass die Feststellung der Radikalität der Kinderfragen auch den Reformpädagogen fast immer nur dazu gedient habe, „die Unterlegenheit der Erwachsenen als Paradoxie der Erziehungserwartungen darzustellen" und eben nicht auf deren erfahrungs- und bewusstseinskonstitutive Funktion abzielte – selbst wenn man dem zustimmt, was – wie wir sehen werden – nur unter bestimmten Voraussetzungen möglich ist, bleibt festzuhalten, dass schon Rousseau die Frage mit der kindlichen Wissbegierde in Zusammenhang gebracht und geraten hat, nur so viel zu antworten, wie notwendig ist, um die Neugierde „rege zu halten" (Emile, 180). Freilich lässt sich bei Rousseau lernen, dass Fragen nicht in jedem Fall bewusstseinskonstitutiv sind, sondern dass sie von Kindern auch als Machtmittel eingesetzt werden und vor allem, dass die bewusstseinsbildenden Fragen Begegnungen (mit Sachen) und Erfahrungen voraussetzen, an Beziehungen gebunden sind und nach Antworten verlangen. Die Antworten sollen Zusammenhänge erschließen, die dem kindlichen Erkenntnisvermögen zugänglich sind. Kinderfragen und kindliches Denken richten sich auf Zusammenhänge kausaler, logischer oder funktionaler Art, die Orientierung ermöglichen und so eine wirklich verlässliche Ordnung der vielen merkwürdigen Erscheinungen und Vorfälle garantieren. Das radikale Fragen der Kinder zielt darüber hinaus auf definitive Lösungen, nicht auf die Problematisierung von Lösungen. Hinterfragt werden Antworten, die das bestehende Problem eben nicht zureichend lösen, die widersprüchlich erscheinen oder auf andere ungelöste Probleme verweisen. Kindliche Logik ist vermutlich deshalb manchmal so unerbittlich, weil mit ihrer Hilfe existenzielle Gewissheiten gesucht werden, die mit logischen Mitteln kaum erschließbar sind.

Was erhofft sich die Religionspädagogik und -didaktik gegenwärtig von dem Versuch, das eigenständige Fragen und Denken der Kinder nicht nur als Ansatzpunkt für Bildungs- und Lernprozesse zu nutzen, sondern diese Lernprozesse insgesamt den kindlichen Frage- und Denkprozessen unterzuordnen und diese etwas zu moderieren bzw. zu begleiten?

Die Reformpädagogen suchten Alternativen zu zweierlei:

- zum lebensfernen Wissen, das als Überlieferung, (kirchliche) Lehre, aber auch als dogmatisch fixierte Wissenschaft den Unterricht beherrschte,

- zur abstrakten Belehrung, d.h. zu einer Methode des Begriffslernens und deduktiver Wissensvermittlung, die allein von der vermeintlich objektiven Struktur des anzueignenden Wissens, nicht von Lernstrukturen her bestimmt war.

Im religiösen Bereich ging es um eine Alternative zur vorherrschenden heilsgeschichtlichen und dogmatischen Unterweisung durch die Kirche. Die Alternative sollte die genuine kindliche bzw. menschliche Religiosität sein, die zu wecken oder zu fördern wäre. Diese wurde nicht primär im kindlichen Fragen, sondern bei den meisten Reformpädagogen im „religiösen Gefühl" gesehen – eine Auswirkung Schleiermachers, wobei freilich aus dessen „Gefühl schlechthinniger Abhängigkeit", also einer existenziellen Grunderfahrung, „das religiöse Gefühl der Ehrfurcht und des Wunderns vor den Werken der Natur und der Kultur, vor großen Menschen und großen Gedanken" wurde – so bei Ellen Key[1]. Aufs Ganze gesehen muss man leider feststellen, dass die Reformpädagoginnen und -pädagogen mit ganz wenigen Ausnahmen sich nicht die Mühe gemacht haben, die religiöse Entwicklung von Kindern wirklich zu beobachten oder zu erforschen. Sie setzten gegen die lebensferne und schädliche Kinderreligion die eigene, meist mehr gefühlte als geklärte Auffassung von Religion als genuine kindliche Religion. Wir sollten uns zumindest fragen lassen, ob mit der gegenwärtigen Orientierung an radikalen Kinderfragen nicht eine analoge Gefahr droht. Ich werde auf diese Frage zurückkommen. Zuvor möchte ich mit einem Zitat von Ellen Key zeigen, welche didaktischen Konsequenzen sich aus ihrem Religionsbegriff ergeben, weil sich auch dabei interessante Parallelen zu heutigen Vorschlägen nahe legen.[2]

„Was die Schule geben kann und soll, ist Unterricht in der Religionsgeschichte. In dem ersten Stadium, der Zeit der ersten Schulpflicht, sollen die Mythen und Sagen erzählt werden: biblische, nordische, griechische, indische, um jetzt schon im Vergleich zwischen ihnen *dieselben menschlichen Erfahrungen, dieselben geistigen Fragen* zu erkennen. In dem zweiten Stadium würde eine Darstellung der Lehre und des Lebens Jesu mitgeteilt – als eines Menschen Leben und eines Menschen Lehre – und über Lehre und Leben anderer großer Religionsstifter berichtet werden. In dem letzten Stadium müsste eine Darstellung der Entwicklung aller großen Religionen folgen, wo zu zeigen wäre, dass sie *demselben Gesetze wie das übrige Leben* gehorchen: dem der Organisation, der Umwandlung und der schließlichen Auflösung. Nur so viel Raum müsste die christliche Dogmengeschichte dabei in Anspruch nehmen, wie dieser Gesichtspunkt ihn erfordert. Denn es wäre verlorene Mühe, die in diesem Alter – dem Konfirmationsalter – so empfänglichen jungen Seelen mit diesen für unsere Kulturaufgaben ganz bedeutungslosen Fragen zu nähren. Von höchster Wichtigkeit dagegen ist es, ihnen einen wirklichen Einblick in die Gedanken der größten Denker zu geben, ihren Blick auf den großen und tiefen Ernst zu richten: sich eine eigene *Lebensanschauung* zu bilden, die ihnen helfen soll zu leben, zu leiden, sich zu sehnen, zu arbeiten, zu lieben und zu sterben. Von höchster Wichtigkeit ist es, ihnen die Unmöglichkeit

---

[1] Gutachten zu dem Rundschreiben der Bremer „Vereinigung für Schulreform" von Ellen Key Furnborg (Schweden), in: Ralf Koerrenz/Norbert Collmar (Hg.): Die Religion der Reformpädagogen. Ein Arbeitsbuch. Weinheim 1994, 42.

[2] Ebd., 41.

zu zeigen, dass eine gewisse Anschauung die allen helfende sein kann; dass es hier gelingt, eine persönliche Wahl zu treffen und dass sie deshalb dem Vorzüglichsten gegenübergestellt worden sind, was die Menschheit bisher auf dem Gebiete des religiösen und des geistigen Lebens gefunden hat. Eine solche Erziehung würde das religiöse *Gefühl* ausbilden und die religiöse *Freiheit* bewahren."

An der Anschauung des Wandels der großen Werke der Natur und der großen Gedanken der Menschen soll sich jede(r) seine Lebensanschauung bilden, die von einem Grundgefühl der Ehrfurcht und des Staunens begleitet und durchdrungen ist. Diese Religiosität scheint mir nicht weit von dem entfernt zu sein, was Oelkers die religiöse Kindheitserfahrung nennt, von der er sagt, sie sei „auf den Respekt vor dem Letzten, dem großen Geheimnis von Anfang und Ende angelegt, von dem schon die Kinder wissen, dass sie darüber nichts wissen können"[3].

Was Oelkers hier beschreibt, klingt rationaler als die gefühlvollen Worte der Reformpädagogen/innen aus den ersten dreißig Jahren des 20. Jahrhunderts. Offensichtlich hat nach ihm das kognitive Überschreiten der individuellen Lebensgrenzen die analogen emotionalen Bestrebungen wieder in den Hintergrund treten lassen. Die nie abzuschließende Suche der Erkenntnis und der daraus resultierenden Gewissheit hat die Unendlichkeit der ursprünglichen existenziellen Gefühle (schlechthinnige Abhängigkeit, Sinn und Geschmack für das Unendliche, Ur- und Grundvertrauen) in den Hintergrund treten lassen. Daher gelten nun die großen Fragen der Kinder, nicht mehr die großen Wünsche als Ursprung und Antrieb der Religion.

Die Nähe und zugleich den Unterschied der Oelker'schen Sicht der Kinderreligion kann ein Vergleich mit Richard Kabischs religionspädagogischer Konzeption noch deutlicher machen. In seinem Hauptwerk „Wie lehren wir Religion?" (1910) fragt Kabisch in kritischer Wendung gegen den theologischen Dogmatismus, didaktischen Materialismus und pädagogischen Formalismus der Katechetik seiner Zeit nach der „Erscheinungsweise des religiösen Lebens im Menschen im allgemeinen" und „in der Kinderseele im besonderen" und „nach welchen Gesetzen eine geistige Erscheinung wie die Religion durch Lehre oder Unterricht übertragen werden kann".[4] Religion erwächst – so im Anschluss an Schleiermacher – aus dem Abhängigkeitsgefühl und wird zusätzlich als „Erhebungsgefühl" erfahren. Deshalb ist Religion „Kraftsteigerung" oder „unmittelbarste Wirklichkeit des *über sich selbst hinaus* gesteigerten Lebens". Das Transzendieren betrifft nicht nur die jeweils erreichten Erklärungen oder Vorstellungen, sondern alle inneren Befindlichkeiten und Möglichkeiten. Denn religiöse Erlebnisse können ein Subjekt dahin bringen, die „Wirksamkeit der oberen Welt durch Steigerung der Lebenskraft als eine wirkliche" zu erfahren.[5] Religion mobilisiert die inneren Energien. Im Rahmen solcher Erlebnisreligion hat die *Frage* nur sekundäre Bedeutung. Um Religion erzeugen zu können, sei die Religion des Kindes zu entwickeln, die als Er-

---

[3] Jürgen Oelkers: Die Frage nach Gott. Über die natürliche Religion von Kindern, in: Vreni Merz (Hg.): Alter Gott für neue Kinder? Fribourg/Schweiz 1994.
[4] Richard Kabisch/Hermann Tögel: Wie lehren wir Religion? Göttingen 7. Aufl. 1931. Das Buch erschien erstmals 1910, damals war Kabisch noch allein der Autor.
[5] Ebd., 56.

fahrungs- und Phantasiereligion zu verstehen ist.[6] Erstere beinhaltet die selbständigen religiösen Erfahrungen der Kinder auf dem Gebiet der Natur und des sittlichen Lebens. Dabei sind zwei Erfahrungen grundlegend, die sog. kosmischnatürlichen und die Gewissenserfahrungen wie Scham, Schuld und Pflichtgefühl. In der Phantasiereligion gestaltet das Kind diese seine Erfahrungen mit eigenen Vorstellungen. In ihnen, die ganz wesentlich an die Einflüsse der Umgebung und der Überlieferungen anknüpfen, *sucht* das Kind die Quellen seiner Abhängigkeit. Es *fragt* und formt sich Symbole und Erklärungen, um seine Erfahrungen festhalten zu können. Dazu gehört auch Kindertheologie. Die „Phantasiereligion" ist keineswegs verzichtbar, sondern konstitutiv, da sie der Erfahrungsreligion ihre Form gibt, d.h. sie in Vorstellung und Sprache kommunizierbar macht. Die Vermittlung bzw. Verbindung von Erfahrungs- und Phantasiereligion ist die Aufgabe religiöser Erziehung nach Kabisch.

Es soll hier nicht versucht werden, Kabischs religionspädagogische Anschauungen zu restaurieren. Auch er hat als Religion des Kindes das definiert, was er in der theologischen und psychologischen Literatur seiner Zeit vorfand. Niemand wird sein hoch emotionalisiertes Religionsverständnis und seine Funktionalisierung von Religion zum Mittel der Lebenssteigerung und Kräftemobilisierung wiederholen wollen. Freilich lässt sich kaum bestreiten, dass starke emotionale Bindungen und Erlebnisse für Religion konstitutiv sind und dass es nicht in erster Linie kognitive, sondern grundlegende existenzielle Probleme sind, die die menschliche Disposition zur Religion verursachen.

Ich brauche hier nur an die von der biologischen und philosophischen Anthropologie herausgestellte Einsicht zu erinnern, dass Menschen zwar durch ihre Instinkte und Antriebe aktiviert werden, aber nicht durch sie festgelegt sind, sondern sich in ihrer Welt orientieren müssen. Diese Welt ist vieldeutig, schafft ständig Verhaltensprobleme, eröffnet neue Möglichkeiten, schafft aber auch ständig Unsicherheit. Der Mensch ist nicht nur zu Erklärungen und Deutungen, d.h. zur Sinngebung genötigt. Er/sie muss ständig Unsicherheit reduzieren. Insbesondere trifft dies für Kinder zu. Auch die kindlichen Sinngebungen (Theologien und Philosophien) dienen diesem Zweck. Martinus J. Langeveld hat die Kinderfrage in diesem fundamental-anthropologischen Zusammenhang wohl richtig verortet, als er über die Vernunft des Kindes schrieb:[7] „Dem Kinde eigen ist sie (= die Vernunft) auch in dem Sinne, dass das Kind primär *fragt*. Es ist mit einer Antwort schnell zufrieden, ist also nicht primär kritisch-prüfend.[8] Man darf das Ganze dieser kindlichen Sinngebungen nicht aus dem Ganzen der kindlichen Lebensform lösen. Die kindliche Lebensform ist u.a. gekennzeichnet durch die Grundtatsache, dass das Kind nur in einer *sicheren* Welt leben und die ihm angeborenen Möglichkeiten zum Guten verwirklichen kann. Es will deshalb auch viel wissen, weil es die Erwartung hegt, in diesem Wissen schließlich Sicherheit und damit Geborgenheit zu finden ... Das Kind nimmt daher in Übereinstimmung mit seiner eigenen Klein-

---

[6] Ebd., 87 ff.
[7] Martinus J. Langeveld: Das Kind und der Glaube. Braunschweig 1959, 18.
[8] Langeveld würde dies in Kenntnis der heutigen Forschungen vermutlich nicht mehr so formulieren. Richtig bleibt, dass das Weiterfragen der Kinder nicht in einer prinzipiell kritischen Fragehaltung begründet ist.

heit, Schwäche und Abhängigkeit eine Welt an, die im Grund *gut* und sicher lebbar ist." Die großen Fragen der Kinder sowie ihre mythischen, theologischen oder philosophischen Vorstellungen entspringen mithin ganz wesentlich den existenziellen Grundbedürfnissen nach Sicherheit und Orientierung. Sie sind m.a.W. kognitive Modalitäten dieser Grundbedürfnisse.

Mit der Bindung von Fragen und Denken an diese Grundbedürfnisse hängt es auch zusammen, dass das kindliche Fragen nach Gott sich nicht in der Frage nach einem Ursprung von Raum und Zeit, also nach der Schöpfung erschöpft. Die Kinder suchen nicht nur nach einer Erklärung für das verlässliche Funktionieren dessen, was ist, wie Oelkers Ausführungen nahe legen. Die Kinder sind nicht einfach „geborene Theisten"[9], die Fragen nach Anfang und Ende ins Endlose weitertreiben. Gerade dies würde sie emotional überfordern, wie übrigens auch uns Erwachsene. Das religiöse Suchen richtet sich nicht nur auf kosmisch-kreatürliche Vergewisserung, sondern genauso auf eine verlässliche und anregende Beziehung. Insofern hat Kabisch etwas Richtiges gesehen, als er neben dem kosmischen Abhängigkeitsgefühl die Gewissenserfahrungen als elementare religiöse Erfahrungen bezeichnete. Gewissenserfahrungen setzen aber verbindliche Beziehungen voraus, in denen Verantwortung aus erfahrener Zuwendung erwächst. Der Gott der Kinder kann daher nie unpersönlich, abstrakt, ein sich entziehendes Numinoses sein. Er oder sie ist notwendigerweise eine Person, mit der man rechnen kann, die selbst Gefühle hat, lieb oder zornig sein kann, freilich in jedem Fall gutartig bzw. verlässlich. Auch hier führen die Überlegungen von Oelkers in die Irre. Eine personale Gottesvorstellung ist für Kinder nicht widersprüchlich. („Gott ist kein Mensch, aber doch eine Person, wie kann es aber Personen geben, die nicht zugleich Menschen sind.")[10] Auch ältere Kinder und Jugendliche, die anthropomorphe Gottesvorstellungen durch symbolische ersetzen, verzichten damit nicht zwangsläufig auf die Personalität Gottes. Wo Gott nur noch „das Letzte" ist oder „das große Geheimnis von Anfang und Ende",[11] kann auch keine Begegnung mehr stattfinden. Alles bleibt Rätsel. Dieser Gott bleibt unerreichbar, während die vielen Ungereimtheiten zwischen Anfang und Ende, die Erfahrungen von Bösem und Unerklärlichem stets präsent sind und so bestenfalls in Skeptizismus oder gar Zynismus hineintreiben.

Der Vergleich mit einigen reformpädagogischen „Vorgängern" der heute favorisierten Art einer Pädagogik vom Kinde aus ermöglichte es, Kinderfragen und Kindertheologie in einen anthropologisch-existenziellen und emotionalen Kontext zu stellen. Es wurde dabei deutlich, dass religiöse Kinderfragen bestimmte psychische Funktionen haben, vor allem Unsicherheitsreduktion, Sinngebung und moralische Orientierung. Freilich sind damit nicht alle anthropologischen „Quellen" von Religiosität genannt. Die psychischen Dispositionen, aus denen Religion erwächst und sich immer wieder erneuert, sind weit differenzierter als sie selbst heute im Anschluss an psychoanalytische (Freud), identitätspsychologische (Erikson) und kognitiv strukturelle Theorien (Piaget, Kohlberg) erfasst werden, nach denen die Gewissensfunktion, das Urvertrauen und eine letzte Sinnhaftigkeit alles

---

[9] Siehe J. Oelkers, a.a.O. (in Anm. 3), 17.
[10] Ebd., 16.
[11] Ebd., 21.

Seins und Denkens (das Ultimate) als die anthropologischen Grundlagen gelten. Einige unter den Reformpädagogen haben diese Differenziertheit schon beobachtet, ohne freilich zureichend über Zusammenhänge zwischen Erlebnis, Vorstellung, Sprache und Denken zu reflektieren. Ich zitiere Gertrud Bäumer:[12]

„Schon die psychologische Definition von Religion überhaupt und eine Verständigung über die Wesenheit, die wir unter diesem Begriff denken, wird nicht leicht sein. So klar wir unter Umständen in der konkreten Anschauung die letzte Zusammenfassung menschlichen Seins in einem Element von Geistigkeit und Wärme als Religiosität erkennen (= Einheit von Sinn und Beziehung), so schwer ist es, dieses Licht in seine Farben zu zerlegen. Ist es das Gefühl lebendiger Einheit hinter der Mannigfaltigkeit von Erscheinungen, die Sehnsucht und das Verlangen nach solcher Einheit in unserem Tun? Ist es das Bewusstsein der Freiheit über unserem Handeln, das zwingende Glück der Erkenntnis, die geheimnisvolle Fähigkeit in uns, das was größer ist als wir, zu erleben und in quellender Freude zu genießen – die Freude der ‚Heldenverehrung'? Ist nicht Religiosität das Wesen aller feineren Sittlichkeit, aller verschwenderischen, genialen, warmen Güte, aller Ritterlichkeit, Großmut, Noblesse? Sie ist dies und zugleich vielerlei anderes, ein Fluidum, das jeder Wesensäußerung in irgendeiner Art beigemischt ist und ihren Adel ausmacht."

Nun kann dieses „Fluidum", das den Adel ausmacht, aber nicht ohne Vorstellung und Sprache bleiben, wie die Autorin freilich meinte und damit dem von ihr verehrten Dichter Rainer Maria Rilke folgte. Schon Kabisch hatte auf den psychologisch notwendigen Zusammenhang zwischen Erlebnis und Vorstellung bzw. Phantasie hingewiesen. Das vielfältig differenzierte menschliche Erlebnis kann nur durch spezifische Symbole seine religiöse Form erhalten, d.h. als religiös erfasst und kommuniziert werden. Kinderfragen und Kindertheologien sind selbst solche symbolischen Formen.

Das neue Interesse an Kinderfragen entspricht freilich nicht nur der Suche nach einer gemeinen Religion jenseits von Tradition und Dogmatismus. Ursächlich ist auch eine veränderte Sicht des Kindes. Dazu kommt das Nachlassen einer explizit christlichen Sozialisation.

Die gegenwärtige Pädagogik bemüht sich, Kinder nicht mehr als „Werdende", sondern als „Seiende" zu betrachten. Nicht das, was sie werden sollen, wird in den Mittelpunkt gerückt, sondern das, was sie sind. Kinderfragen zeigen an, was Kinder jetzt bewegt und beschäftigt. Sie sind Ausdruck gegenwärtiger Sinngebungs- und Orientierungsbedürfnisse, die aktuell der Auseinandersetzung bedürfen. Damit verbunden ist die Sicht der Kinder als aktive, produktive, realitätsverarbeitende Subjekte. Was und wie sie lernen, ist ganz entscheidend von ihrer Eigenaktivität abhängig. Die Aufmerksamkeit für Kinderfragen ist deshalb Ausdruck für das Ernstnehmen von Kindern als Subjekte. Solange Kinder eher wie Objekte betrachtet wurden, stellten ausschließlich die Lehrenden die Fragen und die Kinder hatten zu antworten.

---

[12] Gertrud Bäumer: Probleme der religiösen Bildung, in: R. Koerrenz/N. Collmar (Hg.) a.a.O., 90 f.

Mit der fortschreitenden gesellschaftlichen Differenzierung geht die Pluralisierung von Erziehungsstilen einher. Im Blick auf christlich-religiöse Inhalte haben Kinder ganz unterschiedliche Verstehensvoraussetzungen. Christlich-religiöse Erziehung kann nicht mehr mit gemeinsamen Voraussetzungen rechnen. Das Interesse an Kinderfragen verdankt sich dann der Suche nach einem gemeinsamen Ausgangspunkt für religiöse Lernprozesse. Die kindlichen Orientierungsbedürfnisse und die daraus resultierenden Fragen können vielleicht „elementare Anfänge" religiöser Lernprozesse in einer radikal pluralisierten Situation sein.[13]

Was ist demzufolge pädagogisch und didaktisch erforderlich?

1. Die kognitive Aktivität der Kinder sollte angeregt und insbesondere ihren Fragen Raum und Zeit eingeräumt werden. Das bedeutet, dass im Sinn einer frageorientierten Didaktik die Kinderfragen ernst genommen werden und die Kinder ermutigt werden, eigene Erklärungen (Theologien) vorzutragen und weiterzuentwickeln.

2. Freilich reicht eine nur ermutigende und begleitende Fragedidaktik nicht aus, wenn es stimmt, dass auch die Kinderfragen religiöse oder prä-religiöse Erfahrungen voraussetzten, die bereits sprachlich bzw. symbolisch geformt sind. Religion gibt es nicht naturwüchsig, sondern nur im Anschluss an Überlieferungen, Bilder, Zeugnisse und konkret erlebbare Praxis. Dabei müssen die Kinder die symbolische und lebenspraktische Umgebung vorfinden, aus der sie das symbolische Material für das eigene Erleben und die eigenen Fragen gewinnen. Neben einer entsprechenden Gestaltung der Lebens- und Unterrichtsräume und der Teilnahme an alltagsreligiöser Praxis (Gebet, Andacht, Feier usw.) oder sogar einer speziellen praktischen Einführung in liturgische Vollzüge, wie sie schon Maria Montessori vorgeschlagen hat,[14] kann zu diesem Zweck ein ganzes Spektrum didaktischer Ansätze verwendet werden, wie es etwa von Rainer Oberthür zusammengestellt wurde.[15]

---

[13] Vgl. auch Michael-Sebastian Honig: Probleme der Konstituierung einer erziehungswissenschaftlichen Kindheitsforschung, in: ZfP (3) 1996, 325-345; Anton A. Bucher: Kinder als Theologen, in: RL Zeitschrift für Religionsunterricht (1) 1992, 15-18.; 10. Kinder und Jugendbericht. Kap B2: Kinder mit eigenen Fragen, Antworten und Ausdrucksformen.

[14] Vgl. Helene Helming (Hg.): Kinder, die in der Kirche leben. Die religionspädagogischen Schriften von Maria Montessori. Freiburg 1964. Hier berichtet Montessori von ihrem erfolgreichen Unternehmen, sich mit Kindern in die Messliturgie sowie in das Kirchenjahr einzuleben. Hier stellt sich eine noch nicht hinreichend erfasste Aufgabe der Gemeinde- und Familienpädagogik.

[15] Aus Rainer Oberthür: Kinder fragen nach Leid und Tod. München 1998, 50. Diese Ansätze sind a.a.O., 21-39 näher erläutert.

Rainer Oberthür: Kinder fragen nach Leid und Tod,
Kösel-Verlag München 1998

Eine Durchsicht verschiedener Handreichungen zum „Theologisieren mit Kindern" lässt zumindest sieben didaktische Grundtypen erkennen, die Oberthürs Zusammenstellung noch einmal übergreifen:[16]

1. Das sokratische „Gespräch", das auf Selbstkenntnis zielt und in einem klärenden Dialog zwischen Kind und „Meister" besteht. Einsichten zu diesem Ansatz stellt Hans-Bernhard Petermann vor.[17]

2. Die elementare „Lehre", die Falsches heraus- und Richtiges feststellt.[18]

---

[16] Nach einem Arbeitspapier von Hartmut Rupp.
[17] Vgl. Hans-Ludwig Freese: Kinder sind Philosophen. Weinheim 1994; Eva Zoller: Philosophieren mit Kindern, in: Theorie und Praxis der Sozialpädagogik. 1995, 222-223; dies.: Die kleinen Philosophen. Vom Umgang mit „schwierigen" Fragen. Zürich 1991; dies.: „Wie geht das, das man sich im Spiegel wieder sieht?". Philosophieren mit Kindern, in: RL (2) 1997, 9-13; dies.: Tu was du willst!? Mit Kindern philosophieren, in: Grundschule (5) 1997, 15-17; Philip Cam: Zusammen nachdenken. Philosophische Fragestellungen für Kinder und Jugendliche. Mülheim a.d. Ruhr 1996; Hans Joachim Werner: Die großen Fragen der Kinder, in: kpb (43) 1997, 31-38; Gareth B. Matthews: Philosophische Gespräche mit Kindern. Berlin 2.Aufl. 1993; Hans Joachim Werner, Eva Marsal, Mechtild Ralla: Philosophieren mit Kindern? Begriff, Konzepte, Erfahrungen, in: Lehren und Lernen (6) 1997, 16-30.

3. Die „mythologische Erzählung" (Jung), die narrativ elementare Bilder und Geschichten entwirft und so tief sitzende Emotionen ansprechen und binden will. Diesen Ansatz greift Hartmut Rupp mit seinem Ansatz „Kinder brauchen Mythen" auf.[19]

4. Die „literarische Erzählung" u.U. mit Bildern (Bilderbücher), die durch dramatische Geschichten und plastische Anschauungen Fragen stimulieren und bearbeiten will. Diesem Ansatz folgen Gerhard Büttner und Jörg Thierfelder, wenn sie „mit theologischen Klassikern theologisieren"[20].

5. Der „fragenorientierte Unterricht", der von Kinderfragen ausgeht und auf sie bezogen biblische Erzählungen, Bilder, Worte, Lieder und Musik mit den Mitteln des ganzheitlichen Unterrichts erschließen will. Diesen Ansatz hat Rainer Oberthür in verschiedenen Veröffentlichungen vorgestellt.[21]

6. Die Beschäftigung mit „Dilemmageschichten", die eigene Grundvorstellungen aktivieren, problematisieren und zur Neukonstruktion von theologischen Vorstellungen reizen. Diesen Ansatz greifen Büttner und Rupp auf und bedenken seine Stärken und Grenzen.[22]

7. Die „Freiarbeit", bei der Heranwachsende eigene Fragen entwickeln, mithilfe unterschiedlicher Angebote selbständig bearbeiten und so weit wie möglich selber lösen.[23]

Eine Variante besteht darin, dass Kinder zum Alphabet Grundbegriffe des christlichen Glaubens entwickeln und diese dann für andere Kinder im Sinne eines Lexikons erläutern.[24]

---

[18] Vgl. Rabbi Marc Gellman/Monsignore Thomas Hartman: Wo wohnt Gott? Fragen und Antworten für Eltern und Kinder. Hamburg 1997; dies.: Wie buchstabiert man GOTT? Die großen Fragen und die Antworten der Religionen. Hamburg 1996.

[19] Vgl. Reinhardt Jung: Das geheime Wissen der Pinguine. Bde. 1-4. Wien, München 1993-1999.

[20] Vgl. Gareth B. Matthews: Philosophie der Kindheit. Wenn Kinder weiter denken als Erwachsene. Weinheim u.a. 1995; Matthew Lipman, Pixie – eine philosophische Kindergeschichte. Wien 1986. Geeignete Kinderbücher stellen Hans Joachim Werner, Eva Marsal, Mechtild Ralla: Philosophieren mit Kindern? Begriff, Konzepte, Erfahrungen, a.a.O., 28 f. vor.

[21] Vgl. Rainer Oberthür: Kinder und die großen Fragen. Ein Praxisbuch für den Religionsunterricht. München 1995, 115; ders.: Kinder fragen nach Leid und Gott. Lernen mit der Bibel im Religionsunterricht. München 1998; ders.: „Wer fragt, weiß schon was!" Frageorientiertes Lernen im Religionsunterricht mit Kindern, in: Die Grundschulzeitschrift (90) 1995, 50-54; ders.: „Warum bist du ein Gott?" Mit Grundschulkindern nach Gott fragen und suchen, in: Christenlehre – Religionsunterricht Praxis (2) 1996, 41-45; ders.: Wie Kinder Gott zur Sprache bringen, in: KatBl (3) 1999; Andreas Schultheiß: Ist Gott ein Chinese? In: Feuervogel (2) 1996, 6-11.

[22] Vgl. Anton A. Bucher: Kinder und die Rechtfertigung Gottes?- Ein Stück Kindertheologie, in: Schweizer Schule (10) 1992, 7-12. Weitere Dilemmageschichten finden sich z.B. bei Fritz Oser/Paul Gmünder: Der Mensch – Stufen seiner religiösen Entwicklung, Gütersloh 2. überarb. Aufl. 1988, 207 f.; Fritz Oser: Wieviel Religion braucht der Mensch? Erziehung und Entwicklung zur religiösen Autonomie. Gütersloh 1988, 88 ff.

[23] Vgl. Margarete Götz: „Bauen Maikäfer Nester?" Zum unterrichtspraktischen Umgang mit Schülerfragen, in: kpb (43) 1997, 41-47.

[24] Vgl. Burkhard Jung (Hg.): Himmel und Heide. Ein ABC zu Fragen des Glaubens erarbeitet von Schülerinnen und Schülern des Ev. Schulzentrums Leipzig. Leipzig 1997.

2. Theodizee als Dilemma

Möglichkeiten und Grenzen der Dilemmadiskussion als Medium kindlichen Theologisierens

Gerhard Büttner und *Hartmut Rupp*

Anton A. Bucher hat als einer der ersten das Projekt einer Kindertheologie in die Diskussion gebracht.[25] Er hat es festgemacht an Beobachtungen im Rahmen von Dilemmadiskussionen im Anschluss an das Werk von Fritz Oser und Paul Gmünder.[26] Buchers Versuch mit dem sogenannten „Hiob-Dilemma"[27] führte ihn zu dem Resümee, dass nichts dagegen spricht, „auch in Kindern Wesen zu sehen, die auf ihre ureigene Weise Welt deuten, auch eine Theodizee entwickeln und infolgedessen auch ‚Theologen' sind, nicht wissenschaftlich diplomierte zwar, aber doch ‚Gottesgelehrte', auf die hinzuhören der wissenschaftlichen Theologie zu raten ist".[28] Wir wollten den Bucher'schen Ansatz durch eine kleine Wiederholungsstudie in einer 4. Grundschulklasse überprüfen. Vor diese Ausführungen stellen wir einige Überlegungen zur Dilemmadiskussion überhaupt. Im Anschluss an die Dilemma-Studie diskutieren wir Möglichkeiten und Einseitigkeiten dieses Verfahrens.

1. Der Ursprung der Dilemmadiskussion[29]

Der Schweizer Psychologe Jean Piaget hatte plausibel gemacht, dass die altersgemäße kognitive Entwicklung verbunden ist mit der Herausbildung unterschiedlicher kognitiver Schemata. Dies führt dazu, dass je nach Schema unterschiedliche Antwortmuster z.B. in Bezug auf moralische Probleme erkennbar werden. Dies betrifft z.B. die Begründungen der Frage, wie im Einzelfall gerecht zu teilen sei.[30] Kohlberg überlegte auf der Basis solcher Beobachtungen, ob *moralisches Denken und Handeln* nicht auch eher von solchen Entwicklungsstufen abhängen könne als

---

[25] Anton A. Bucher: Kinder und die Rechtfertigung Gottes? – Ein Stück Kindertheologie, in: Schweizer Schule (10) 1992, 7-12.
[26] Fritz Oser/Paul Gmünder: Der Mensch – Stufen seiner religiösen Entwicklung. Gütersloh 3. Aufl. 1992.
[27] Ebd., 167.
[28] A. A. Bucher a.a.O., 7 f.
[29] Wir skizzieren hier nur diese Wurzel der Dilemmadiskussion innerhalb der Religionspädagogik. Wir sehen eine zweite in bestimmten Ansätzen der Spielpädagogik (Rollenspiel). Vgl. dazu Gerhard Büttner: Lob des Dilemmas oder: Wie kann der Religionsunterricht Verbindlichkeit und Offenheit miteinander verbinden? In: Entwurf (2) 2000, 71 ff.
[30] Dies kann sehr ausführlich studiert werden in: William Damon: Die soziale Welt des Kindes. Ffm 1990, 101 ff.

von mehr oder weniger angelernten Normen. Kohlberg wählte dazu die Geschichte eines Falles, für den es keine unproblematischen Lösungsmöglichkeiten gibt.

Heinz, dessen Frau todkrank ist, weiß, dass ein Apotheker ein Mittel entwickelt hat, das seiner Frau helfen könnte. Da er den Preis für das Medikament nicht aufbringen konnte, leiht er sich bei seinen Freunden Geld, doch es reicht nicht für den geforderten Betrag. Soll Heinz das Medikament stehlen?

Es ist klar, dass jede Antwort, egal wie sie ausfällt, nicht „die richtige" sein kann. Allerdings lassen sich verschiedene Antworttypen unterscheiden, die jeweils eine weitere Perspektive aufweisen, vom puren Egoismus über das vermutete Urteil von anderen bis hin zur Frage nach dem Leben als höchstem Gut.

Kohlberg entwickelte dazu ein Schema von sechs Stufen, nach denen er die Antworttypen unterschied.[31] Interessanterweise stellte sich heraus, dass das ausgewählte Dilemma nicht nur als Messinstrument dienen konnte, sondern selbst ein ausgezeichneter Diskussionsanreiz ist, der wiederum zu einer Steigerung der moralischen Urteilskompetenz zu führen vermochte. Kohlberg entwickelte im Laufe der Zeit eine ganze Reihe von Dilemmata[32], für die dann ein umfassendes Auswertungsmanual erarbeitet wurde.[33] In der Weiterführung Kohlbergs wurde die Möglichkeit der Dilemmadiskussion unter schulischen Bedingungen präzisiert und operationalisiert, wie Schaubild 1 dokumentiert.[34] Für uns interessant und bisher noch wenig wahrgenommen ist die Tatsache, dass mit Moshe Blatt einer der ersten Schüler Kohlbergs ausdrücklich mit *biblischen* Dilemmageschichten gearbeitet hat: Soll Abraham, der ältere, in der Situation, dass das Land nicht für seine und seines Verwandten Lots Herden reicht, nachgeben (Gen 13)? Oder die in der christlichen Tradition weniger geläufige Geschichte: Abraham befreit die Könige von Sodom und Gomorra mitsamt seines Verwandten Lot aus der Hand von Feinden. Soll er auch die Beute, die ihm zusteht, an sich nehmen (Gen 14, 1-23)? Darf oder soll Abraham auf Gottes Verlangen hin seinen Sohn Isaak opfern (Gen 22)?

---

[31] Lawrence Kohlberg: Kognitive Entwicklung und moralische Erziehung, in: G. Büttner/V.-J. Dieterich (Hg.): Die religiöse Entwicklung des Menschen. Stuttgart 2000, 50 ff.
[32] Ders.: Die Psychologie der Moralentwicklung. Ffm 1995, 495 ff. Einige dieser Interviews eignen sich hervorragend für den Einsatz im Unterricht, so die Geschichte von *Judy*, die Geld, das sie gespart hat und das die Mutter zum Kauf der Schuluniform benutzen will, dann zum Besuch eines Popkonzerts verwendet. Dies beichtet sie ihrer Schwester. Wie soll diese sich verhalten? Vgl. G. Büttner u.a.: SpurenLesen. Religionsbuch für die 5./6. Klasse. Stuttgart & Stuttgart u.a. 1996, 142 zum Thema „Wahrheit und Lüge".
[33] Anne Colby/Lawrence Kohlberg u.a.: The Measurement of Moral Judgement Bd. 2. Cambridge & New York 1987.
[34] Fritz Oser/Wolfgang Althof: Moralische Selbstbestimmung. Modelle der Entwicklung und Erziehung im Wertebereich. Stuttgart 4. Auflage 2001

Theodizee als Dilemma 23

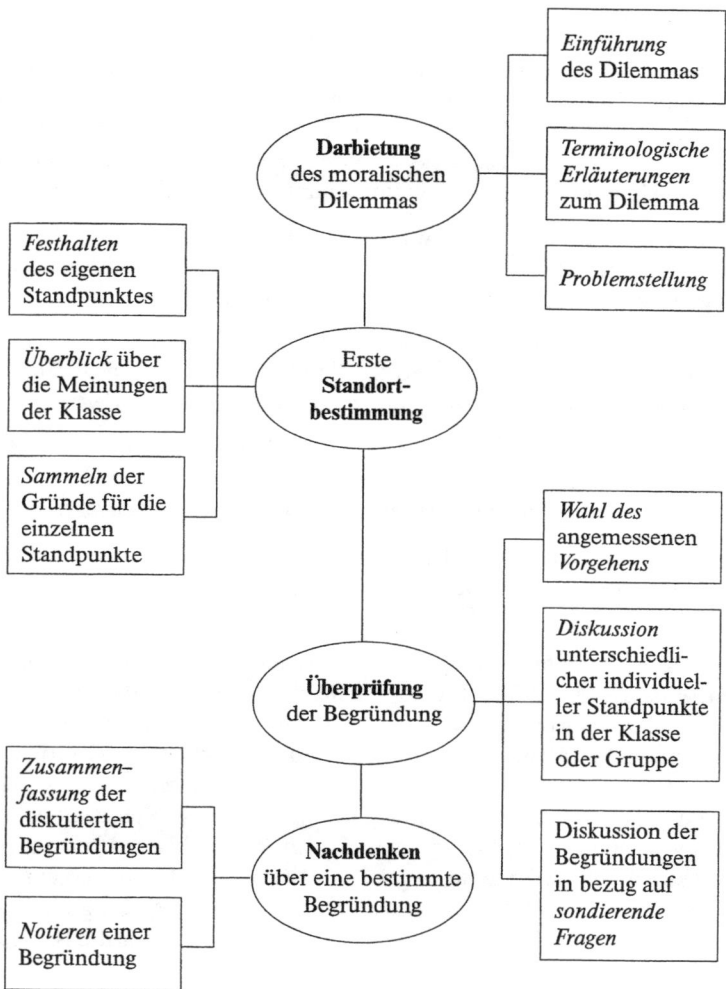

Schaubild 1

Schematische Darstellung des Unterrichtsverlaufs nach dem Stimulationsmodell (nach Galbraith & Jones, 1975, S. 21; dt. Version nach Mauermann, Lutz (1978). Unterrichtsplanung zur Diskussion eines moralischen Dilemmas in der 8./9. Jahrgangsstufe (Thema: Hauptschulabschluß-Prüfung). In: Lutz Mauermann/Erich Weber (Hrsg.), Der Erziehungsauftrag der Schule, S. 193-201. Auer: Donauwörth 1978, hier: S. 198)

Zur Josefsgeschichte formuliert Blatt folgende drei Fragen: „Hatte der Vater das Recht, ein Kind mehr zu lieben und den anderen vorzuziehen? Wenn ja, darf er diese Bevorzugung offen zum Ausdruck bringen? Hatten die Brüder das Recht, ärgerlich zu sein und rechtfertigt dies ihr Handeln?" „Woher wissen wir, was recht ist?"[35]

Blatt hatte seine Experimente in einer jüdischen Sonntagsschule durchgeführt und gezeigt, dass die Diskutanten gegenüber einer Kontrollgruppe ohne Diskussion deutlich Zunahmen in den Werten zur Moralentwicklung zeigten. Der Verweis auf die Blatt-Studie kann zeigen, dass die Möglichkeiten der Dilemmadiskussion im ureigensten Handlungsfeld des Religionsunterrichts angesiedelt sind.

Diese Einsicht verstärkt sich noch, wenn wir die Arbeiten von Fritz Oser heranziehen. Parallel zu Kohlberg konstruiert er ein Modell der Entwicklung des religiösen Urteils. Auch er arbeitet mit einem Schlüsseldilemma.[36]

> *Paul, ein junger Arzt, verspricht angesichts eines drohenden Flugzeugabsturzes, für den Fall seines Überlebens in die Dritte Welt zu gehen und für den Fall, das seine Verlobte nicht mitginge, die Beziehung zu beenden.*
>
> *Paul überlebt. Muss er jetzt sein Versprechen halten? Er nimmt das Angebot einer lukrativen Stelle in der Schweiz an. Später verursacht er einen Verkehrsunfall. Hat das etwas mit dem nicht eingehaltenen Versprechen zu tun?*

Auch in diesem Fall haben die Dilemmata eine doppelte Funktion; sie dienen als Messinstrumente und auch als Mittel, um die Entwicklung des religiösen Urteils zu stimulieren.

Oser konnte in einer Untersuchung mit 15-jährigen Schüler/-innen[37] zeigen, dass die Dilemmadiskussion zu einer Steigerung der Werte zum religiösen Urteil führt. In zwei Experimentalgruppen wurde eine Dilemmadiskussion betrieben, in der Kontrollgruppe nicht. In einer der Gruppen wurde zusätzlich die Theorie des religiösen Urteils erläutert. Diese Belehrung zum theoretischen Ansatz schlug sich aber nicht im Ergebnis nieder. Da die Kontrollgruppe in der Zeit nach dem Experiment darauf drang, dass ihr Lehrer wie in den Parallelklassen mit ihnen auch Dilemmadiskussionen praktizierte, ergab eine Nach-Nach-Untersuchung, dass in diesem Falle wegen des Verstoßes gegen die ursprüngliche Planung die Kontrollgruppe sehr stark aufgeholt hatte. Letzteres spricht wiederum für die Effizienz des Verfahrens.

---

[35] Moshe M. Blatt/Lawrence Kohlberg: The Effects of Classroom Moral Discussion upon Children's Level of Moral Judgement, in: G. Büttner/V.-J. Dieterich a.a.O., 67-78, hier 73.
[36] F. Oser/P.Gmünder a.a.O., 118 f.
[37] Fritz Oser: Wieviel Religion braucht der Mensch? Gütersloh 2. Aufl. 1990, 69 f.

2. Der Ansatz des Richter-Dilemmas

Anton Bucher hat, wie oben angemerkt, dokumentiert, wie Kinder und Jugendliche von 5-17 Jahren auf eines der Oser/Gmünder-Dilemmata reagierten. Der Text lautet so:[38]

> *In einer kleinen Stadt lebte einst ein wohlhabender Mann. Er war glücklich verheiratet, hatte vier Kinder und besaß ein großes Haus. In seinem Beruf als Oberrichter war er sehr erfolgreich. Der Mann betete regelmäßig und vergaß dabei nicht, Gott für sein glückliches Leben zu danken. Er spendete auch viel Geld für soziale Projekte. Für die armen Leute setzte er sich persönlich ein.*
>
> *Doch viele Leute in der Stadt fürchteten den Richter, weil er zwar gerecht, aber doch sehr streng war. Deshalb sprachen gewisse Kreise in der Stadt schlecht über ihn und verleumdeten ihn. So verlor er unverschuldet seinen guten Ruf. Nach einer gewissen Zeit musste er deshalb auch sein Amt als Oberrichter aufgeben. Das war aber nicht alles:*
>
> *Eines Tages wurde sein Tochter sehr krank. Sie bekam eine eigenartige Lähmung, die jeden Tag schlimmer wurde. Der Ex-Richter konnte die Kosten für eine Heilung nicht mehr aufbringen. So musste er sein schönes Haus verkaufen und all sein Geld für Arztrechnungen aufbrauchen. Seine Tochter aber wurde dennoch nicht gesund.*

Anton Bucher hat dieses Dilemma knapp hundert Kindern und Jugendlichen vorgetragen. Die Frage an die Kinder lautete: „Soll er – wie früher – auch jetzt noch zu Gott beten?" Danach schloss sich eine rege Diskussion an, „ob Gott dies Unglück zugelassen, ob er es sogar gewollt habe, warum es, – unüberschaubar – so viel Leiden in der Welt gibt usw".[39]

Im Ergebnis unterscheidet er drei Typen von Antworten:

Der erste Typus definiert: Der allmächtige Gott schickt beides: Liebes und Leides. Dieser Typ wird charakterisiert durch die Antwort eines Siebenjährigen: „Für mich sieht es so aus, als hätte Gott einen Wutanfall. Gott findet vielleicht den Krieg nicht recht und bestraft dafür andere [wie den Oberrichter und seine Familie.]"[40]

Der zweite Antworttypus ist von der Art „Wie die Menschen zu Gott, so Gott zu den Menschen." Dieser findet sich im folgenden Dialog:

„I: Ist es Gottes Wille, dass dem Richter das alles passiert ist?

X: Das glaube ich eigentlich nicht. Wenn der Richter kein Unrecht machte, hätte Gott auch keinen Grund!

I: Aber warum ist es dem Richter passiert?

---

[38] F. Oser/P. Gmünder a.a.O., 167, wo es unter dem Namen „Hiob-Dilemma" firmiert. Unsere Version stammt von Hartmut Rupp.
[39] A.A. Bucher a.a.O., 8.
[40] Ebd.

X: Das weiß ich nicht ... ich finde es einfach gemein."[41]

Hier finden wir den aus dem Hiob-Buch bekannten Tun-Ergehens-Zusammenhang. Das Leid des Menschen muss in irgendeiner Art Folge böser Taten sein.

Der dritte Typus sieht Gott bei dem Geschehen nicht im Spiel. Ein Sechzehnjähriger meint auf die Frage nach Gottes Willen hinter dem Ergehen des Oberrichters „Nein, ich glaube nicht. Die Menschen haben das bewirkt."[42]

Die drei Antworten lassen sich selbstverständlich theologisch werten. Bucher verweist aber darauf, dass die Antworten sich auch entwicklungspsychologisch gut deuten lassen. Fritz Oser unterscheidet fünf Stufen des „religiösen Urteils", deren unterste drei wir im Zusammenhang mit ihrer Bedeutung für die gegebenen Antworten hier skizzieren möchten.

Auf der Stufe 1 „deus ex machina" wird alles Geschehen in Abhängigkeit von Gott, bzw. allgemeiner gesprochen, vom Ultimaten, gedacht. Nach dieser Logik hängt alles, Gutes wie Böses allein von Gott ab.

Wir können uns dieses Stadium gut verständlich machen, wenn wir bedenken, dass es für das jüngere Kind eine Urerfahrung ist, von Größeren abhängig zu sein. Die Abhängigkeit von Gott generalisiert damit nur Erfahrungen mit den Eltern oder Älteren schlechthin. Untersuchungen der Oser-Schule heben dabei darauf ab, dass diese Grunderfahrung nicht an den Glauben an einen christlichen Gott gebunden ist, sondern auf entsprechende Äquivalente übertragen werden kann. Dieses Ultimate fungiert als Vertreter von Recht und Autorität und garantiert letztlich das Leben. Piagets Denkfiguren des Artifizialismus und Finalismus drücken dasselbe aus, wenn festgehalten wird, dass Kinder die Welt von einem schöpferischen Wesen „gemacht" sehen, versehen mit einem Ziel für den Menschen oder die Tiere. (Gott hat das Gras geschaffen, damit die Kühe etwas zu fressen haben.) In diesem Modell muss auch das Böse und das Leid letztlich seinen Sinn und Ort haben. Deshalb sind Kinder, außer bei schweren Traumatisierungen, in der Regel bereit, doch noch auf ein gutes Ende zu hoffen.[43]

Auf der zweiten Stufe „do ut des", gestaltet sich die Beziehung zwischen dem Menschen und Gott, bzw. dem Ultimaten nach dem Prinzip des Austausches. Übles Ergehen muss demnach Frucht böser Taten sein.

Hinter dieser Stufe steht die Erfahrung, gegenüber den obengenannten Autoritätsfiguren durchaus Einflussmöglichkeiten zu haben. Gutes Verhalten wird im Alltag eher belohnt, schlechtes bestraft. Durch Freundlichkeit, Bitten, Geschenke kann man etwas erreichen, mit brüskem Verhalten meist nichts. Diese Grunderfahrungen prägen tief unser Gerechtigkeitsgefühl und sind auch bedeutsam in Bezug auf Gott oder einer, wie auch immer vorgestellten Schicksalsmacht. Von daher erklärt

---

[41] Ebd., 9.
[42] Ebd., 11.
[43] Von daher verweist Reto Lucius Fetz: Der Kinderglaube. Seine Eigenart und seine Bedeutung für die spätere Entwicklung, in: Engelbert Groß (Hg.): Der Kinderglaube. Donauwörth 1995, 22-35, hier 25 zu Recht auf die Tatsache, dass es in der Logik des Piaget'schen *Finalismus* liegt, dass Kinder in der Regel dazu in der Lage sind, einer Sache „Sinn" abzugewinnen bzw. davon ausgehen, dass sie irgendwie „gut ausgeht".

sich – nicht nur bei Kindern – die Mächtigkeit des Wunsches, Leid und die Erfahrung des Bösen in eine Beziehung setzen zu können mit menschlichem Verhalten, sei es dem eigenen oder dem anderer. Die immer wieder unternommenen Versuche, so das erfahrene Leid zu deuten, finden sich deshalb bei Kindern wie bei den Freunden des Hiob.

Auf der dritten, der „Deismus-Stufe" wird ein direktes Eingreifen Gottes nicht erwartet. Das menschliche Leid muss demnach auch im Kontext menschlicher Autonomie erklärt werden.

3. Das Richter Dilemma in einer 4. Klasse

Um herauszufinden, wie Grundschulkinder selber Theologie treiben, haben wir den Ansatz von Anton A. Bucher aufgenommen und versucht, Kinder einer vierten Klasse in Karlsruhe mithilfe einer Dilemmageschichte in ein theologisches Nachdenken über die Theodizeefrage zu verwickeln. Wir wollten im Rahmen einer Unterrichtsstunde mit Kindern „theologisieren" und dabei ihre „Theologie" entdecken.

Die Unterrichtsstunde war folgendermaßen aufgebaut:
1. Sorgfältige Vorstellung der Geschichte
2. Gespräch zum Verständnis
3. Schriftliche Einzelarbeit am Gruppentisch
4. Rundgespräch

Die Unterrichtsstunde wurde vollständig mit Video aufgezeichnet. Das folgende Unterrichtsprotokoll gibt das Rundgespräch wieder:[44]

L: Was geht dem Mann durch den Kopf?

Mädchen 1: *Dass Gott ihm nicht mehr geholfen hat und dass der Mann jetzt traurig war. Er sollte zu Gott beten und ihn fragen, warum er das gemacht hat. Dann würde Gott es ihm bestimmt sagen. Und er würde Gottes Sage annehmen. Er sollte dann das tun, was er sagt.*

Mädchen 2: *Er sollte weiterbeten. Er sollte fest daran denken, dass seine Tochter gesund und vielleicht wird sie ja wieder gesund. Er sollte auch sparen, um mit seiner Tochter zum Arzt [zu] gehen.*

Junge: Ist die Geschichte echt?

Mädchen 3: *Er ist enttäuscht über Gott, denn er hat jeden Tag gebetet, dass er von Gott beschützt wird und alle anderen, die er kennt. Er ist sehr enttäuscht von Gott, denn er hat ihm nicht aus einer Not geholfen und seine Tochter und ihn beschützt. Seine Tochter musste ohne seine Hilfe in Not und mit schwerem Leiden von ihm, seinen anderen drei Kindern und seiner Ehefrau mit Kummer und Leid gehen.*

---

[44] In den von den Kindern verfassten Texten, die Sie hier lesen, wurde die Rechtschreibung verändert.

Mädchen 4: *Warum hat Gott mich bestraft, ich habe doch regelmäßig gebetet. Soll ich überhaupt noch beten? Außerdem, ich habe doch soviel für soziale Projekte gemacht. Warum haben die Leute mich verleumdet?*

Mädchen 5: *Warum hat Gott es zugelassen, dass alles so gelaufen ist? Warum hat Gott meine Tochter nicht gesund gemacht? So sollte es wenigstens sein, dass sie gesund ist. Warum habe ich mein Haus verkauft, wenn die Ärzte doch nichts ausrichten konnten? Findet Gott mich nicht gut, zu streng oder ungerecht?*

Mädchen 6: *Warum hilft Gott mir nicht? Ich habe immer gebetet. Und war fromm. Er hilft doch so vielen, warum mir nicht?*

Junge 7: *Was soll der Oberrichter über Gott denken? Er war sonst immer so gerecht, warum hat er mir das angetan? Ich habe so gut gelebt, und jetzt das! Gibt es dich überhaupt? Warum kann man meine Tochter nicht heilen? Warum hat Gott mir nicht geholfen? Wieso habe ich alles verloren, was ich früher gehabt habe?*

Mädchen 8: *Warum hilfst du uns nicht, meine Tochter zu heilen? Ich habe mein ganzes Haus verkauft und besitze nur noch drei gesunde Kinder und ein gelähmtes, wie lange halten wir denn noch durch? Wir leben ja nur in einem alten Schuppen. Hoffentlich geht alles gut!*

L: Ihr habt jetzt aufgeschrieben, was dem Mann durch den Kopf geht, worüber er nachdenkt ... Das ist ja etwas, was man immer wieder hören muss, das kann man sogar in der Zeitung lesen: Ein Mensch, der gar nichts dafür kann, wird eines Tages schwer krank, gelähmt vielleicht, ein Unfall ... Habt ihr eine Erklärung? Was soll man da sagen? – Da steht man manchmal da und weiß gar nichts zu sagen.

Sch: Oft sind auch andere schuld, wie bei unserem Autounfall, die einfach woanders hingucken, einem mit 50 hinten rein fahren.

L: Warum passiert so ein Autounfall [...], aber wie ist es bei einer schweren Krankheit?

Sch: Da kann eigentlich niemand was dafür. Manche haben diese Erreger einfach in sich und wenn die dann irgendwann anfangen zu wirken. Menschen können auch nichts dafür, wenn ein Kind behindert geboren wird. Die Leute können auch nichts dafür.

[Lachen]

L: Aber warum lässt Gott so etwas zu? Findet ihr da einen Weg beim Nachdenken?

Sch: Irgendwann würde vielleicht noch etwas Schlimmeres passieren.

Sch: Vielleicht hat der Mann auch einmal etwas gemacht, was er nicht machen sollte und da hat Gott gedacht, dass er ihn jetzt bestrafen dafür.

L: [...] Wie denken darüber andere? Könnt ihr euch das vorstellen?

Sch: Hat soviel Gutes getan ...

Sch: So schlimm hätte es auch nicht kommen können. Wenn, dann wär's auch etwas übertrieben.

L: Auf jeden Fall zu viel? [...]

Sch: Vielleicht wäre hinterher etwas viel Schlimmeres passiert, das wollte er ja vermeiden.

L: Das war wie ein Stoppschild.

Sch: Oder seiner Tochter wäre etwas viel Schlimmeres passiert wie die Lähmung.

Sch: Aber er hat doch nicht ihn, sondern die Tochter bestraft.

L: Kann das sein, dass der Vater etwas macht und das Kind krank wird? Kann man sich so etwas vorstellen? [...]

Sch: Vielleicht hat das Kind ja was gemacht, falsch gemacht oder ihn beleidigt.

Sch: Man kann ja nicht immer in die Zukunft sehen, das kann Gott auch nicht immer.

L: [...] Gibt es überhaupt Gott? Könnte der Mann zu dem Ergebnis kommen, es gibt Gott nicht?

Sch: Es gibt Gott. In den Erzählungen ... aber keiner hat Gott je wirklich echt gesehen. Keiner hat ihn je echt gesehen, weil sich keiner ein Bild von ihm machen sollte. [...]

Sch: [...] Ich hab ein Lexikon, Kinderlexikon, unter „G" da hab ich einfach mal geguckt und da steht Gott drin. Da steht Gott drin, das ist ein alter Mann mit so einem ganz langen, wie bei Asterix, mit einem langen Bart, graue Haare und was ganz Komisches an, ein Gewand.

L: Was hast du gedacht, wie du das Bild zum ersten Mal gesehen hast?

Sch: Ich habe erst mal gelacht.

L: Hat jemand eine Vorstellung?

Sch: Normaler Mensch.

Sch: Ein bisschen älter als wir, 100 Jahre, dass er nicht so viel an hat wie wir auch.

[...]

Sch: Gott als eine große Kraft im Weltall ...

Sch: Mit Bart.

Sch: ... so ist wie ein junger Mann, der aber nicht älter wird, immer gleich ist.

Matthias: Er hat früher gelebt, deshalb hat er nicht so neue Kleider.

Claudia: So ähnlich wie Jesus.

L: Wie sieht Jesus aus?

Sch: Wie ein normaler Mensch.

[...]

4. Theologische Analyse des Rundgesprächs

Bemerkenswert an diesem Gespräch sind zunächst einmal drei Aspekte:

(1) Die Kinder reagieren nicht anders als ihre Lehrer. Das Theodizeeproblem ist ihnen bekannt, bzw. für sie nachvollziehbar. Sie kennen die gleichen Fragen wie Erwachsene: Hat das Beten überhaupt einen Sinn, wenn alles beim Alten bleibt? Gibt es Gott überhaupt?

Bei der Auseinandersetzung entwickeln sie eigene Theorien und damit ihre eigene Theologie:
- Andere Menschen oder irgendwelche Erreger können schuld sein – dagegen ist Gott machtlos.
- Gott kann nicht in die Zukunft sehen.
- Gott hat einen langen Bart so ähnlich wie bei Asterix.
- Gott ist eine große Kraft im Weltall.
- Gott ist so ähnlich wie Jesus.
- Keiner hat Gott wirklich gesehen.

Hier bieten sich vielfache Ansätze für ein weiterführendes „Theologisieren" mit Kindern!

(2) Im Kern arbeiten die Kinder an der Frage, wie Unglück und Leid (Verleumdung, Krankheit, Verlust des Arbeitsplatzes, Verlust von Besitz, Verarmung) mit der Macht, der Gerechtigkeit und der Güte Gottes zusammenpassen. Noch etwas allgemeiner formuliert geht es um die Frage, wie Unglück und Leid überhaupt zu erklären sind. Alle Fragen, die die Kinder aufgeschrieben haben, kreisen um diese Grundfrage bzw. diese Grundfragen der Menschheit.

Es geht dabei also nicht bloß um das Schicksal eines gestrengen Oberrichters mit vier Kindern und einem Haus, es geht vielmehr um ein Grundthema menschlichen Lebens. Es geht auch nicht bloß um die Bewältigung eines kognitiv-rationalen Problems, sondern um die Klärung der eigenen Existenz. Die Themen sind die Bewältigung von Angst und der Gewinn von Orientierung und einer tragfähigen Deutung des Lebens. Es geht um Fragen wie „Wo lebe ich?" und „Was habe ich zu erwarten?" Es geht um elementare Weltbilder.

Kinder vermögen im Rahmen konkreter Geschichten grundlegende Lebensthemen zu durchdenken.[45]

(3) Die Lösungen, die Kinder für dieses Problem entwerfen, erinnern an die klassischen Modelle, die schon bei Hiob, bei Leibniz und bei Ludwig Büchner zu finden sind.

a) Unglück und Leid sind eine Strafe Gottes.
„Vielleicht hat der Mann auch etwas gemacht, was er nicht machen sollte ..."

---

[45] So auch Karl Ernst Nipkow: Bildung in einer pluralen Welt. Bd 2. Gütersloh 1998, 222.

b) Unglück und Leid sind Herausforderungen, den Glauben unter Beweis zu stellen.
„Er sollte zu Gott beten und ihn fragen, warum er das gemacht hat. Dann würde es Gott ihm bestimmt sagen."

c) Gott wollte Schlimmeres verhüten.
So wie die Welt ist, ist sie doch die beste aller Welten: „Irgendwann würde vielleicht noch etwas Schlimmeres passieren."

d) Gott verdient keinen Glauben.
Die Lösung von Hiobs Frau („Schwöre ab!") taucht nur als Frage auf. „Soll ich überhaupt noch beten?"

e) Gott ist machtlos.
„Oft sind auch andere schuld ..." „Erreger ..." „Gott kann nicht immer in die Zukunft sehen."

f) Gott ist gar nicht gütig.
Diese Vorstellung taucht nur als Anklage auf. „Hat so viel Gutes getan."

g) Gott gibt es nicht.
Diese Lösung erscheint nur in Frageform: „Gibt es dich überhaupt?" Bei den Kindern dieser vierten Grundschulklasse begegnet man der ganzen Breite der theologischen Diskussion!

Es zeigt sich, dass Kinder in der Lage sind, ganz eigenständig über Gott und das Leben nachzudenken und dabei eigene, äußerst bedenkenswerte Positionen zu formulieren. Mit den Kindern kann ein theologischer Diskurs geführt werden, der theologischen Reflexionen entspricht. Allerdings braucht es für diesen Diskus nicht nur motivierende Anstöße wie solche Dilemmageschichten, sondern vor allem auch erwachsene Gesprächspartner, die solche Grundfragen des Glaubens selber durchdacht haben und die Sichtweisen der Schüler/-innen zu- und einordnen können.

5. Der Vergleich mit Buchers Studie

Betrachten wir unter diesem Blickwinkel die vorliegende Stunde, dann folgt sie zu hundert Prozent dem vorgegebenen Schema.

Werfen wir einen Blick auf die Antworten der Schüler/-innen:

Mädchen 1: *... dass Gott ihm nicht mehr geholfen hat und dass der Mann jetzt traurig war. Er sollte zu Gott beten und ihn fragen, warum er das gemacht hat. Dann würde Gott es ihm bestimmt sagen. Und er würde Gottes Sage annehmen. Er sollte dann das tun, was er sagt.*

Die Antwort entspricht klar den Vorgaben der Stufe 1.

Viele Antworten liegen zwischen Stufe 1 und 2. So bei Mädchen 6 und Junge 7:

Mädchen 6: *Warum hilft Gott mir nicht? Ich habe immer gebetet. Und war fromm. Er hilft doch so vielen, warum mir nicht?*

Junge 7: *Was soll der Oberrichter über Gott denken? Er war sonst immer so gerecht, warum hat er mir das angetan? Ich habe so gut gelebt, und jetzt das! Gibt es dich überhaupt? Warum kann man meine Tochter nicht heilen? Warum hat Gott mir nicht geholfen? Wieso habe ich alles verloren, was ich früher gehabt habe?*

Was bedeuten nun diese Feststellungen für unsere Fragestellung – das Augenmerk für die eigenständigen Beiträge der Schüler/-innen?

- Wir können feststellen, dass die Dilemmadiskussion die Kinder zum Hervorbringen eigener Lösungsvorschläge stimuliert.
- Wir können in den Antworten typische Argumentationsniveaus unterscheiden.

Die Diskussionsbeiträge können also im Kontext der Beiträge zur Moraldiskussion nach Kohlberg begriffen werden. Damit gälte z.B. die sogenannte +1-Regel, nach der es sinnvoll ist, die Schüler/-innen jeweils auch mit Beiträgen zu konfrontieren, die eine Stufe über ihrer jeweiligen liegen sollten.[46] Der Unterrichtsprozess könnte demnach erwarten, mit der Zeit ein höheres Argumentationsniveau im Kontext der Stufentheorien zu erreichen.

- Betrachten wir die anschließenden Diskussionsbeiträge, dann erkennen wir, dass die Schüler/-innen in der Lage sind, auf ihrem jeweiligen Niveau durchaus unterschiedliche Argumentationen hervorzubringen.

So stehen für die Stufe 1 sowohl die Beiträge, die im Sinne von Leibniz Theodizee das bestehende Leid im Lichte der Bewahrung vor noch Schlimmerem sehen:

Irgendwann würde vielleicht noch etwas Schlimmeres passieren.

oder

Vielleicht wäre hinterher etwas viel Schlimmeres passiert, das wollte er ja vermeiden.

L: Das war wie ein Stoppschild!

Oder seiner Tochter wäre etwas viel Schlimmeres passiert wie die Lähmung.

Doch auch der Beitrag, der Gottes Möglichkeiten in dieser Frage eingeschränkt sieht, ist dieser Stufe zuzuordnen:

Man kann ja nicht immer in die Zukunft sehen, das kann Gott auch nicht immer.

Neben den zu erwartenden Aussagen zum Leid im Sinne von Stufe 2 finden sich auch zwei Aussagen, die eigentlich der Stufe 3 zuzuordnen sind, was aber für Grundschüler/-innen eigentlich nicht erwartet werden kann, wenn diese auf der Basis einer immanenten Logik etwa für Unglücksfälle argumentieren.

Mädchen: Oft [sind] auch andere schuld, wie bei unserem Autounfall, die einfach woanders hingucken, einem mit 50 hinten rein fahren.

L: Warum passiert so ein Autounfall [...] aber wie ist es bei einer schweren Krankheit?

---

[46] F. Oser/W. Althof a.a.O., 104 ff.

Kind: Da kann eigentlich niemand was dafür. Manche haben diese Erreger fach in sich und wenn die dann irgendwann anfangen zu wirken. Menschen können auch nichts dafür, wenn ein Kind behindert geboren wird. Die Leute können auch nichts dafür.

Nimmt man diese letztgenannten Antworten einmal heraus, dann finden sich in den übrigen Schüler/-innenbeiträgen zwei theologische Antworttypen zur Theodizee. Mit van der Ven kann man sie das Vergeltungs-Modell und das Plan-Modell[47] nennen, weil einmal das Leid die Entsprechung zu Verfehlungen ist und einmal das Leid einem sinnvollen, den Menschen aber nicht einsichtigen, Plan Gottes entspricht. Die Schüler/-innen repräsentieren mit ihren Antworten damit zwei auch in der theologischen Diskussion vertretene Positionen (von sieben). Dabei ist die Frage, ob „reifere" theologische Konzepte, wie etwa das der Solidarität Gottes mit dem Leidenden, oder das der mystischen Erfahrung Gottes gerade im Leid, entwicklungspsychologisch überhaupt erwartet werden können.

6. Die Dilemmadiskussion und die „typischen Antworten" – eine kritische Nachfrage

Ausgehend von diesem positiven Befund soll nun aber der Verdacht geäußert werden, dass die Dilemmamethode vielleicht auch Grenzen des Nachdenkens provozieren könnte.

Wir folgen mit diesem Verdacht zunächst einmal den Bemerkungen des „Kinder-Philosophen" Matthews gegenüber den Piaget-Befunden. Möglicherweise sind die von Piaget erzielten Kinderantworten die Folge eines ganz bestimmten Fragens.[48] Könnte dies auch für die gewiss offeneren Dilemmata gelten?

Rainer Oberthür hat nach unterrichtlichen Versuchen zur Thematik u.a. mit Elementen der Kain-und-Abel- und der Hiob-Geschichte kritische Bemerkungen zu den entwicklungspsychologischen Aussagen von Bucher und Oser formuliert:[49]

„Die Kinder sind [...] weder dem ihrer Vorstellung und Entwicklung entsprechenden Gott gegenüber vollständig abhängig (deus ex machina) noch meinen sie, Gott nur durch gutes Handeln und Rituale beeinflussen zu können (do ut des). Sie sind auf der Suche nach tragfähigen Antworten in der Theodizeefrage, die die Freiheit des Menschen nicht beschneiden, traditionelle Vorstellungen der Allmacht Gottes zugunsten eines mitleidenden Gottes in Frage stellen und dennoch Gottes Güte und Gerechtigkeit, aber auch seine Verborgenheit nicht aufgeben."

Gut nachvollziehbar wird diese Aussage, wenn wir Oberthürs Arbeit mit einem philosophischen Text verfolgen. Er legt Grundschüler/-innen die berühmte Aussage aus den Fragmenten des Epikur vor: „Entweder will Gott die Übel beseitigen

---

[47] Johannes A. van der Ven: Auf dem Weg zu einer empirischen Theodizee. Religionspädagogische Beiträge (21) 1988, 140-156, hier 148.
[48] Gareth B. Matthews: Die Philosophie der Kindheit. Wenn Kinder weiter denken als Erwachsene. Weinheim 1995, 53 ff.
[49] Rainer Oberthür: Kinder fragen nach Leid und Gott. Lernen mit der Bibel im Religionsunterricht. München 1998, 194.

und kann es nicht, oder er kann es und will es nicht, oder er kann es nicht und will es nicht, oder er kann es und will es." Zu jeder dieser Aussagen erbat er sich eine Antwort der Schüler/-innen.

So schrieben die Kinder zu „Wenn Gott nun die Übel beseitigen will und nicht kann, so ist er:
- eine blinde Hilfe
- ein verlassener Erzähler [...]
- nicht so mächtig wie andere Menschen auf der Welt [...]
- schwach aber doch stark
- ein Gott, der die Menschen versteht.

[...] Wenn Gott die Übel nicht beseitigen kann und nicht beseitigen will, dann ist er
- nicht unser Gott [...]
- schwächer als viele Menschen mit Herz [...]
- ein kleiner Gott im Herzen
- ein anderer Gott und nicht unser guter Gott
- ein Gott der will, dass wir mehr helfen."[50]

Ob die Aussagen der Schüler/-innen die Plausibilität der entwicklungspsychologischen Forschungen wirklich in Frage stellen können, müsste im Detail nachgeprüft werden. Festhalten wird man immerhin können, dass das Medium „philosophischer Text" andere Facetten der Theodizeethematik hervorgebracht hat als die Dilemmageschichte unseres Videos. Um wirkliche Vergleiche zu ziehen, müsste man natürlich auch die völlig unterschiedlichen Rahmenbedingungen der Unterrichtsversuche mitberücksichtigen.

Festhalten möchten wir vor allem die Erkenntnis, dass auch im Bereich der schülerorientierten, auf Diskurs hinzielenden Unterrichtsverfahren, die Bedeutung des Mediums zu beachten sein wird. Die Leistungsfähigkeit der Dilemmadiskussion wird nicht infrage gestellt, wenn wir andere Medien mit ins Spiel bringen. Wir wollen dies mit Material aus Bibel und Theologie demonstrieren.

---

[50] Ebd., 120 f.

3. Mit theologischen „Klassikern" theologisieren

Ein Unterrichtsversuch zum „freien bzw. unfreien Willen"
in einer 5. Klasse

Gerhard Büttner und *Jörg Thierfelder*

Im Religionsunterricht der gymnasialen Oberstufe ist es durchaus üblich, Texte von aktuellen Theologen wie Küng, Pannenberg oder Moltmann zu behandeln. Dazu kommen dann auch „Klassiker" wie Augustin, Thomas von Aquin oder Luther. Dabei sind besonders die zeitgenössischen Autoren häufig bemüht, die Aussagen der Tradition entweder historisch-genetisch zu erläutern oder ihre wie auch immer geartete Kompatibilität mit dem „modernen Denken" aufzuweisen. Die Bedeutung dieser beiden Funktionen tritt dann zurück, wenn wir danach fragen, ob nicht Texte aus der systematisch-theologischen Tradition, genauer gesagt, deren Grundgedanken, hilfreiche Medien sein können beim Theologisieren mit *Kindern*. Wenn wir in diesem Zusammenhang von Kindern sprechen, dann bedeutet das, dass wir darauf verzichten wollen, in unserem Gespräch formal-operatorisches Denken im Sinne von Piaget vorauszusetzen. Wir gehen also davon aus, dass die inhaltliche Auseinandersetzung anhand von konkreten Annahmen oder Bildern erfolgt. Mit der Begrifflichkeit von Fetz heißt das, dass wir zwar eine „Reflexion auf der Objektebene" voraussetzen, nicht aber eine „Mittelreflexion", die gleichsam den Denkvorgang selbst nochmals problematisiert.[51]

Vermutlich haben deshalb auch Kinder eine größere Affinität zu vormodernen theologischen Entwürfen, weil es dort stärker darum geht, „was ist" und weniger darum, „was wie geworden ist".[52] Die Vertreter eines Philosophierens mit Kindern haben an zahlreichen Beispielen plausibel machen können, dass ein solches Unternehmen mit philosophischen Texten durchaus erfolgreich praktiziert werden kann.

Als typisch kann eine Auswahl gelten, die philosophische Fragestellungen in literarischen Texten (z.B. Alice im Wunderland) mit Texten aus der Tradition mischt.[53] Dabei existiert inzwischen eine ausgesprochen einfallsreiche Didaktik.

---

[51] Reto Lucius Fetz: Der Kinderglaube. Seine Eigenart und seine Bedeutung für die spätere Entwicklung, in: E. Groß (Hg.): Der Kinderglaube. Perspektiven aus der Forschung für die Praxis. Donauwörth 1995, 22-35, hier 26.

[52] Das macht der Beitrag von Hartmut Rupp in diesem Band deutlich, 9 ff. Bernard Welt hat diese Entwicklung von der genetischen zur ontologischen Fragestellung am Beispiel der Vorgeschichte von Nizäa deutlich gemacht: Jesus Christus und die Theologie, in: Joseph Sauer (Hg.): Wer ist Jesus Christus? Freiburg/Brsg. u.a. 1977, 151-164, hier 154.

[53] So finden sich in dem von Karl Ludwig Freese zusammengestellten Reader: Abenteuer im Kopf. Philosophische Gedankenexperimente. Weinheim, Berlin 1995, Textauszüge von Platon, Leibniz und Kant.

Hiervon sollen im Folgenden einige Merkmale anhand eines Entwurfes von Stefan Maeger näher erläutert werden. Im Zusammenhang von Vorüberlegungen zu einer Vermittlung von mittelalterlicher Philosophie an 5.-Klässler/innen betont er einmal die Notwendigkeit der Kontinuität der Fragestellung, andererseits vertraut er darauf, dass die große Entfernung des Gegenstandes „ein besonderes fragestellendes Potential" enthält.[54] Interessant sind die benutzten Unterrichtsmedien: Neben einem Textauszug aus einem antiken Autor (Plinius, Historia Naturalis), zieht er Bildmaterial z.B. aus dem Bildschmuck der Kathedralen heran, um schließlich den Schlüsseltext, den „Bewegungsbeweis" Thomas von Aquins als Beispiel eines „kosmologischen Gottesbeweises" zu präsentieren. Hierzu bietet er unterschiedlich schwierige Texte an, vom leicht redigierten deutschen „Originaltext" über verschiedene vereinfachte Versionen bis hin zu handfesten Vorschlägen wie dem „Domino-Effekt" mit Spielsteinen.[55]

Wir haben dieses Beispiel vorausgeschickt, um zu verdeutlichen, in welchem Rahmen sich ein Projekt „Theologisieren mit Kindern anhand von theologischen Klassikern" bewegen sollte. Unser eigener Unterrichtsversuch folgt – auch wenn er uns bei der Planung noch nicht bekannt war – den hier angedeuteten Prinzipien.

Bei der Wahl unseres Unterrichtsgegenstandes suchten wir ein Thema, das einerseits bedeutsam wäre, auf der anderen Seite aber eine konkrete, bildhafte Seite haben sollte. Hartmut Rupp und Kurt Konstandin hatten für die Oberstufe des Gymnasiums Schlüsseltexte zur Kontroverse um den freien bzw. unfreien Willen zusammengestellt.[56] Es handelt sich dabei um zwei Textausschnitte von Erasmus von Rotterdam bzw. von Luther. Beide Texte werden ergänzt durch einen Ausschnitt aus dem katholischen Weltkatechismus, um zu verdeutlichen, dass das Thema damals (z.Zt. der Kontroverse) wie heute eine wichtige Rolle bei der Auseinandersetzung zwischen Katholizismus und Protestantismus spielt. Die beiden Textauszüge zeichnen sich dadurch aus, dass es sich jeweils um gleichnisartige Bildworte handelt.

Erasmus erzählt von einem kleinen Kind, das noch nicht laufen kann, das mit vielerlei Unterstützung von seinem Vater, aber doch mit minimaler eigener Anstrengung schließlich einen Apfel erreichen kann.[57] Luther bringt das Bild von einem Pferd, bei dem zwei Reiter sich darüber streiten, wer die Zügel führen darf.[58] Wir können, vom entwicklungspsychologischen Stand her gesehen, davon ausgehen, dass Kinder – in unserem Fall Gymnasiast/-innen einer 5. Klasse – sich sicher in der Bildhälfte dieser Geschichten bewegen können. Die Frage wird sein, wieweit die Schüler/-innen dazu in der Lage sind, die im Bild ausgedrückte Tiefe der Problematik zu erfassen. Einen Grund zum Optimismus könnte dabei die Tatsache sein, dass es gerade die bildhaften Anteile in der Philosophiegeschichte

---

[54] Stefan Maeger: Der Rand der Welt. Der Einstieg in mittelalterliches Denken mit Schülern des 5. Jahrgangs, in: ZDPE 1998, 15-30, hier 17.
[55] Ebd., 27 ff.
[56] Hartmut Rupp/Kurt Konstandin: Was ist der Mensch? Stuttgart 1999, 42-44.
[57] Erasmus von Rotterdam: Vom freien Willen, übers. v. Otto Schumacher. Göttingen 7. Aufl. 1998, 96 f.
[58] Martin Luther: Vom unfreien Willen, übers. v. Justus Jonas. München 1924, 58.

waren, die Karriere gemacht haben, sei es Platons Höhlengleichnis, Hegels „Herr und Knecht" oder Nietzsches Mann mit der Lampe, der den Tod Gottes ausruft.

Der historische Ort der Auseinandersetzung

Luthers Schrift „De servo arbitrio" (Vom unfreien Willen) von 1525, die er selber recht hoch einschätzte („Ich erkenne keines meiner Bücher als recht an, außer vielleicht das vom geknechteten Willen und den Katechismus"[59]), entstand als Antwort auf eine Schrift von Erasmus von Rotterdam „Diatribe de libero arbitrio" (Untersuchung über den freien Willen) von 1524.

Erasmus von Rotterdam (1466-1536) war unbestrittenes Haupt des deutschen Humanismus, jener spätmittelalterlichen Gelehrtenbewegung, die das antike Erbe wiederentdeckte und sich vor allem um die alten Sprachen und die klassische Literatur bemühte. Erasmus' Humanismus hatte eine stark religiöse Komponente. Jesus war bei ihm vor allem Vorbild und Lehrer einer Religiosität mit moralisierenden Tendenzen. Das zentrale religiöse Dokument war für Erasmus die Bergpredigt; sie war zugleich „die Krone von allem Humanen".[60] Martin Luther (1483-1546), der Augustinermönch aus Wittenberg, war in der Tradition der via moderna groß geworden, jener Richtung der Scholastik, die auf William von Occam zurückgeht, die dem menschlichem Willen in Bezug auf das Heil besonders viel zutraute. Wenn der Mensch tut, was in seinen Kräften ist und ansonsten dem Gnadenangebot der Kirche vertraut, kann er das Heil erringen. Die reformatorische Entdeckung bedeutete für Luther die Erkenntnis, dass das Heil dem Menschen zuteil wird, allein durch den Glauben, nicht aber durch menschliche Anstrengungen.

Das Verhältnis von Luther zu Erasmus war nie ohne Spannung.[61] Luther war mit ihm in der Kritik an der Scholastik verbunden, vermisste aber in der Kritik des Erasmus den religiösen Ernst. Er war dankbar für die griechische Ausgabe des NT von 1516 durch Erasmus. Er ließ sich von Melanchthon und anderen Freunden zu einem Huldigungsbrief an Erasmus bewegen, in dem er sich selbst als „Brüderchen in Christus" bezeichnete.[62] 1520 schrieb er in einem Brief an Lazarus Spengler: „Erasmus und ich, will's Gott, wollen eins bleiben."[63] Er wollte Erasmus von sich aus nicht angreifen.

Erasmus wollte sich am liebsten aus der Luthersache heraushalten. Am Tumult um Luther gab er Luthers Gegnern die Hauptschuld. Sein Plan war es, durch gelehrte und vorurteilslose Männer die Angelegenheit aus der Welt zu schaffen. Er musste immer wieder hören, dass Luthers Gegner ihn auf die Seite des Wittenbergers rückten. Zunehmend fühlte er sich zwischen beiden Fronten. 1522 schrieb er an Willibald Pirckheimer: „Die Lutheraner drohen mir öffentlich mit Schmähschriften, und der Kaiser ist so gut wie überzeugt davon, daß ich das Haupt und

---

[59] Luther an Capito, zit. nach Walther von Loewenich: Martin Luther. München 1982, 265.
[60] Karl Heussi: Kompendium der Kirchengeschichte. Tübingen 11. Aufl. 1957, 278.
[61] Vgl. W. von Loewenich a.a.O., 252 f.
[62] Zit. nach ebd.
[63] Zit. nach ebd.

die Quelle des ganzen Luthertumultes bin. So komme ich nach beiden Seiten in größte Gefahr und habe mich doch um alle verdient gemacht."[64] Er wird gedrängt, gegen Luther zu schreiben.

Erasmus griff ein altes Thema der christlichen Theologie auf, ob der Mensch von sich aus die Möglichkeit habe, sein Heil zu erlangen oder nicht. Der Apostel Paulus hat sich so dazu geäußert, dass das Heil des Menschen nicht von seinen Werken, sondern vom Glauben abhängt (Röm 3,28). Augustin argumentierte in seinen Auseinandersetzungen mit Pelagius im Sinne von Paulus. Er brachte immer wieder das Pauluswort „Was aber hast du, was du nicht empfangen hast" (1.Kor 4,7) zur Sprache. Die Position des Augustin wurde im Mittelalter vielfach aufgeweicht. Auch Luther berief sich auf Paulus, wenn er die Möglichkeit des Menschen bestritt, durch eigene Anstrengungen das Heil zu erlangen.

Die Schrift des Erasmus hat eine klaren Aufbau.
1. Allgemeine und methodische Einführung.
2. Erklärung der alt- und neustamentlichen Stellen, die für den freien Wille sprechen.
3. Entkräftung der Stellen, die gegen den freien Willen sprechen.
4. Zusammenfassung und Bewertung der Position seiner Gegner.

Erasmus definierte den freien Willen als „die Kraft, durch die sich der Mensch dem zuwenden oder davon abwenden kann, was zum ewigen Heil dient"[65].

Ihm lag am Zusammenwirken von Gottes Gnade und menschlichem Willen. Für ihn stellte bei der Religion das Moralische die Hauptsache dar. Und die setzt eine moralische Verantwortung voraus. Luthers rigider Standpunkt hebt nach Erasmus die moralische Verantwortung auf.[66] Erasmus steht mit seiner Gnadenlehre auf dem Boden der Scholastik: Die Gnade hebt die Natur nicht auf, sondern vollendet sie.

Luther antwortete Erasmus erst im Jahr 1525. Probleme wie der Bauernkrieg, aber auch Luthers Heirat verhinderten eine schnelle Beantwortung, ihm fehlte aber offensichtlich auch die rechte Motivation.[67] Aus der von Melanchthon vermuteten gemäßigten Reaktion Luthers wurde freilich nichts, als sich dieser dann in die Schrift von Erasmus vertiefte.

Er hält sich bei seiner Antwort an die Einteilung des Erasmus:
1. Einleitung.
2. Zurückweisung der für den freien Willen angeführten Stellen.
3. Verteidigung der eigenen Schriftstellen gegen den freien Willen.
4. Neue Stellen, vor allem von Paulus und Johannes, gegen den freien Willen.
5. Abschließende Bemerkungen.

In der Einleitung wandte sich Luther gegen Erasmus Skepsis gegenüber Glaubensaussagen. Für Luther ist der Heilige Geist kein Skeptiker. Der Christ brauche

---

[64] Zit. nach ebd.
[65] Zit. nach Martin Brecht: Martin Luther, Bd. 2: Ordnung und Abgrenzung der Reformation 1521-1532. Stuttgart 1986, 218.
[66] Vgl. W. von Loewenich a.a.O., 256.
[67] Vgl. M. Brecht a.a.O., 221.

feste Glaubensaussagen. „Sie gehörten untrennbar zum Bekenntnischarakter des Christentums."[68] Luther argumentierte im Sinne des protestantischen Schriftprinzips ganz von der Bibel her. Gegen Erasmus, der sagte, in der Bibel sei manches dunkel, argumentierte Luther, dass die Bibel, von philologischen Verstehensschwierigkeiten abgesehen, nicht dunkel sei, sondern klar in ihrer Hauptaussage, dem Evangelium von Jesus Christus.

In der Einleitung bringt Luther seinen weit bekannten Vergleich (s.u.). Im dritten Teil des Schriftbeweises verrät er sein eigentliches Interesse am unfreien Willen: Wenn unser Heil auch nur im Geringsten durch einen freien Willen unsererseits mitgewirkt wird, dann kann es keine Heilsgewissheit geben.

Zwei Fragen sollten hier angesprochen werden.[69]

1. Ist Luther Determinist? Manche Äußerungen deuten darauf hin: „Alles geschieht notwendig." Doch Luther räumt dem Menschen durchaus eine psychologische Willensfreiheit, wie er sagt, bei den Dingen, „die unter ihm liegen", ein. Man merkt, dass er an der philosophischen Frage nach dem Determinismus nicht interessiert ist. Ihm geht es nur um die Heilsfrage. Und hier bekennt er sich kompromisslos zum unfreien Willen. Eine andere Frage ist, ob bei Luther nicht das Personsein des Menschen gleichsam aufgehoben wird. Das Bild vom Reittier scheint in diese Richtung zu gehen. Doch darf dieses Bild nicht gepresst werden. Luther will das Personsein nicht aufheben. Er hilft sich hier mit der Unterscheidung zwischen Notwendigkeit und Zwang. Der nicht von Gott ergriffene Mensch kann nur sündigen. Er tut es notwendig, freilich nicht gezwungen, d.h. er tut das Böse nicht ohne seinen Willen, wie einer, der gewaltsam zur Hinrichtung geschleppt wird, sondern er tut es spontan mit Zustimmung seines Willens.

2. Eine zweite Frage ist die nach der Prädestination. Luther geht es um die Heilsgewissheit. Nur wenn unser Heil ganz und gar in Gottes Hand liegt und in keiner Weise durch unsere Mitwirkung bestimmt ist, können wir nach Luther unseres Heils gewiss sein. Müsste aber die Rede von der Alleinwirksamkeit Gottes nicht die Lehre von Gott als dem Urheber der Sünde zur Folge haben?

Luther argumentiert hier so: Gott ist nicht der Schöpfer des Bösen, er gebraucht es nur. Luther hat nicht wie andere die Konsequenz einer doppelten Prädestinationslehre gezogen. Dies war für ihn unvereinbar mit den Zentralaussagen des Evangeliums. Ein systematischer Theologe hat dies so ausgedrückt: „Die Vorstellung von einer (ewigen) doppelten Prädestination, aufgrund derer Gott einen Teil der Menschen erwählt, einen anderen Teil für die Verdammnis vorbestimmt hätte, kann von der Selbsterschließung Gottes in Jesus Christus her nur als ein Missverständnis verstanden werden, das zwar aus einem abstrakten Verständnis der Allmacht Gottes, niemals aber aus dem Wesen Gottes als Liebe abgeleitet werden kann."[70] Luther nahm hier die logische Lücke in Kauf. Warum der eine Mensch fromm ist und der andere nicht, lässt sich nach Luther letzten Endes nicht erklären.

---

[68] M. Brecht a.a.O., 222.
[69] Vgl. W. von Loewenich a.a.O., 261-265.
[70] Wilfried Härle: Dogmatik. Berlin 1995, 506.

Das Plädoyer des Erasmus für die sittliche Bemühung leuchtete damals vielen ein. Luthers Demonstration der Ohnmacht des Menschen schreckte dagegen immer wieder ab. In der lutherischen Orthodoxie wurden Luthers Aussagen später abgeschwächt. Man geriet wieder in die Nähe von erasmischen Vorstellungen. Zu Recht schrieb Walther von Loewenich zur Gnadenlehre des Erasmus: „Dem modernen Durchschnittsprotestanten ist diese Gnadenlehre selbstverständlich geworden."[71] Radikaleren Widerspruch erfuhr Luther erst in der Neuzeit, die im Zeichen der Autonomie nicht mehr bereit war, in dieser Weise von der menschlichen Ohnmacht zu sprechen. Freilich: „Luthers Alternative verlor dadurch nichts von ihrer Unerbittlichkeit, es sei denn, dass man sie eben dann ignorierte. Ob das unbeschadet für die Humanität möglich war, darüber lohne sich das Nachdenken heute wieder." [72]

Für kontroverstheologische Grabenkämpfe eignet sich der Streit zwischen Erasmus und Luther nicht mehr. In der Frage der Gnadenlehre ist man heute immer mehr abgekommen von kontroverstheologischen Klischeevorwürfen, wie, das Luthertum vertrete einen Determinismus und der Katholizismus huldige dem Synergismus. Nach Pöhlmann könnten sich beide Kirchen auf die paradoxen Sätze einigen: „Das Heil geschieht *allein* durch Gottes Gnade, aber *nicht ohne* den Menschen." Danach ersetzt die Gnade nicht den menschlichen Willen, setzt ihn vielmehr voraus. Und die Alleinwirksamkeit der Gnade schalte die Personalität des Menschen nicht aus, sondern ein.[73] In diesem Sinne argumentiert auch die vom Vatikan und dem Lutherischen Weltbund verabschiedete Erklärung zur Rechtfertigungslehre.[74]

Die Struktur der Texte im Lichte heutiger Rezeption

Betrachtet man die Argumentation von Erasmus, dann fallen zwei Merkmale auf. Erasmus bestimmt den Stellenwert seiner Argumentation ausdrücklich als intellektuelle Auseinandersetzung, die er mit Stil zu führen gedenkt und deren Eignung für eine öffentliche Auseinandersetzung er ausdrücklich widerspricht.[75]

Interessanter noch im Kontext heutiger Schule ist der Aufbau seiner Argumentation. Erasmus sammelt, wie gesagt, Argumente für und gegen die Lehre vom freien Willen aus dem Alten und Neuen Testament und den Kirchenvätern und kommt zu dem – auch heute noch recht einleuchtenden – Ergebnis, dass beide Argumente „ein bisschen" richtig seien, konkret „dass der Mensch sein ganzes Heil der göttlichen Gnade zu verdanken hat, da es nur sehr wenig ist, was der freie Wille dabei tut, und da eben das, was er zu tun vermag, ein Werk der Gnade Gottes ist, der erstens den freien Willen geschaffen hat und der zweitens ihn erlöst und geheilt hat."[76]

---

[71] W. von Loewenich a.a.O., 257.
[72] M. Brecht a.a.O., 231.
[73] Horst Georg Pöhlmann: Abriß der Dogmatik. Gütersloh 4.Aufl. 1985, 261.
[74] Vgl. besonders Artikel 4,3 dieser Erklärung. Texte aus der VELKD 87/1999, 6 f.
[75] Erasmus von Rotterdam a.a.O., 28 f.
[76] Ebd., 96.

Im unmittelbaren Anschluss an dieses Resümee zitiert Erasmus dann das Beispiel von dem Kind.

> *„Vernimm ein [...] Gleichnis: Ein Vater richtet sein Kind auf, das – noch nicht imstande zu gehen – hingefallen ist, so sehr es sich auch bemüht hat; er weist auf einen Apfel hin, der gegenüber liegt; das Kind wünscht sehnlichst hinzueilen; doch wegen der Schwäche seiner Glieder würde es bald wieder hinfallen, wenn der Vater nicht die Hand hinhielte und es beim Gehen stützte und lenkte. So gelangt es unter der Leitung seines Vaters zum Apfel, den der Vater ihm freundlich – gleichsam als Belohnung für sein Laufen – in die Hand gibt. Das Kind hätte sich nicht aufrichten können, wenn der Vater ihm nicht unter die Arme gegriffen hätte; es hätte den Apfel nicht gesehen, wenn der Vater nicht darauf hingewiesen hätte; es hätte nicht weitergehen können, wenn der Vater seine schwachen Schritte nicht ständig gefördert hätte, und es hätte den Apfel nicht erreichen können, wenn nicht der Vater ihm den in die Hand gegeben hätte. Was kann unter solchen Umständen das Kind als eigene Leistung in Anspruch nehmen? Trotzdem hat es einiges getan; es hat aber keinen Grund, auf seine Kraft zu pochen, da es sein ganzes Dasein dem Vater verdankt."*[77]

Dieses Bild, das schon dem kleinen Kind wenigstens ein Stück Autonomie zugesteht, dürfte für heutige Schüler/innen von großer Plausibilität sein. Denn jeder Einzelne erlebt sich ja auf den ersten Blick als „Herr/in" seiner/ihrer Handlungen.

Luthers Argumentation setzt einerseits grundsätzlicher an, weil er die Frage für weniger akademisch hält als dies Erasmus tut. Für ihn ist diese Frage vielmehr von heilsentscheidender Qualität.[78] Dazu kommt, dass Luthers Argumentation nicht nur in der Logik seiner Gnadenlehre liegt, sondern in ihrer Relativierung der Möglichkeit menschlicher Autonomie die moderne Einsicht antizipiert, nach der – in den Worten Sigmund Freuds – „der Mensch nicht Herr im eigenen Hause ist"[79]. Ernstpeter Maurer formuliert diese Konsequenz in Bezug auf Luther so:[80]

> *„Kurz und knapp: Es mag Situationen geben, wo wir tun können, was wir wollen. Niemals aber können wir wollen, was wir wollen. Wir verfügen nicht darüber, was wir gern und freiwillig tun. Das Wort ‚freiwillig' ist demnach semantisch sehr interessant, weil es in Luthers Beschreibung eine ‚innere' Notwendigkeit zum Ausdruck bringt. Diese innere Richtung mag verändert werden. Es kommt aber darauf an, dass eine solche Veränderung von außen erfolgen muss. Das ist eigentlich der Kern der gesamten Argumentation zum*

---

[77] Ebd., 96 f.
[78] Martin Luther a.a.O., 8: „Auch so glaube ich nicht, dass du [=Erasmus] diesen Artikel vom freien Willen als einen unnötigen Artikel achtest, oder dass er einem Christen nicht not sei zu wissen, denn das wäre erst ein großer Irrtum, dieweil niemand Christus erkennen mag, er wisse denn, was Menschenkraft, Sünde, freier Wille sei oder nicht sei.
  Derhalben nur immer weg mit den Philosophen, es seien gleich Skeptiker oder Akademiker, die also kein Ding haben wollen gewiss bejahen. Wir Christen müssen uns unserer Lehre aufs allergewisseste sein und gründlich und ohn alles Wanken sagen, ja oder nein zu sagen und dabei zu bleiben."
[79] Sigmund Freud: Drei Kränkungen, in: ders.: Vorlesungen zur Einführung in die Psychoanalyse (1915/17). AtA Bd.1. Ffm 12. Aufl. 1994, 283 f.
[80] Ernstpeter Maurer: Luther. Freiburg/Brsg. 1999, 112.

„unfreien Willen' bei Luther. Unfrei ist der Wille, sofern unser freier Wille uns unverfügbar bleibt."

Damit lässt sich Luthers Argumentation auf zwei Ebenen verstehen. Auf der unmittelbar einleuchtenden knüpft sie an die Tatsache an, dass wir ganz offensichtlich, zumindest in Ausnahmesituationen, manchmal explizit gegen unsere Absicht handeln. *Es* passiert uns etwas; das handelnde *Ich* ist in dieser Situation von anderen Kräften verdrängt. Anderseits lässt sich Luthers Argumentation gewissermaßen als Metatheorie des von Erasmus beschriebenen Geschehens deuten. Hier wird nach der Bedingung der Möglichkeit von freiem Willen überhaupt gefragt. Die vordergründig plausible Einsicht, dass wir gemäß unseres freien Willens handeln, wird auf dieser Metaebene von ganz allein fragwürdig. Luther verdichtet seine Argumentation in dem anschaulichen Bild:

„So ist der menschliche Wille in die Mitte gestellt (zwischen Gott und Satan) wie ein Zugtier. Wenn Gott sich darauf gesetzt hat, will er und geht, wohin Gott will. [...] Wenn Satan sich darauf gesetzt hat, will und geht er, wohin Satan will. Und es steht nicht in seiner freien Entscheidung, zu einem von beiden Reitern zu laufen oder ihn sich zu verschaffen zu suchen, sondern die Reiter selbst kämpfen miteinander, ihn zu erlangen und zu besitzen."[81]

Nach den hier formulierten Überlegungen erscheint es uns sinnvoll, die in den klassischen Texten gebotene Argumentation nochmals im Modus ihrer Rezeption zu bedenken. Dazu können uns die von Oser und Gmünder formulierten Entwicklungsstufen helfen. Bekanntlich definiert diese Theorie verschiedene Gestalten des Zusammenwirkens von Gott (bzw. einem Ultimaten) und dem Menschen. Von einer Stufe 1, wo alles menschliche Handeln von Gott abhängt über eine Stufe 2, in der zumindest eine Beeinflussung Gottes durch den Menschen möglich wird und über eine Stufe relativer Autonomie (3.), folgt eine vierte Stufe, in der der Mensch sein autonomes Handeln gleichwohl in Gottes Plan geborgen weiß.[82]

Es fällt nicht schwer, die behandelten Positionen zum freien bzw. unfreien Willen in der Oserschen Matrix wiederzufinden. Luthers Aussage korrespondiert mit der ersten Stufe: Alles hängt von Gott ab. Es leuchtet ein, dass in dieser Konsequenz auch das menschliche Denken und Handeln dann leicht als Ergebnis göttlichen Handelns gewertet werden kann. Die zweite Stufe entspricht der Argumentation des Erasmus. Gottes Handeln lässt sich beeinflussen, damit muss dem menschlichen Tun zumindest eine beschränkte Autonomie zukommen. Stufe 3 wäre ein radikalisierter Erasmus. In typisch moderner Weise wird hier die menschliche Autonomie faktisch uneingeschränkt gedacht. Einem göttlichen Willen kommt hier zumindest keine handgreifliche Rolle zu. Auf der vierten Stufe wird dem gegenüber aufs Neue die Position Luthers sichtbar. Der Mensch weiß hier, dass trotz seines subjektiven Eindrucks der Autonomie er gleichwohl gehalten und geführt wird durch Gott.

---

[81] Martin Luther: Vom unfreien Willen, in: Luther Deutsch hg. v. K. Aland, Bd.3. Göttingen 1991, hier 196.
[82] Fritz Oser/Paul Gmünder: Der Mensch – Stufen seiner religiösen Entwicklung. Gütersloh 3. Aufl. 1992, 79 ff.

Sofern diese Überlegungen stichhaltig sind, bedeutet dies, dass das Szenario der beiden Texte sich hervorragend eignen müsste, um sich je nach Entwicklungsstand im Rahmen der vorgegebenen Argumentationen wiederzufinden und auf der Basis dieser Vorstellungen dann eigenständig weiter zu überlegen.

Das Design der Stunde

Die Lehrerin beginnt mit einer Szene aus der Lebenswelt der Kinder. Ein Mädchen hat in ihrer Wut den Walkman des jüngeren Bruders auf den Boden geworfen, so dass dieser jetzt kaputt ist. Dieser Impuls wird breit aufgenommen und kann von den Schüler/innen aus ihrer eigenen Erfahrung erläutert werden. Der Stundenduktus beginnt also nicht mit der „selbstverständlichen" Erfahrung von Autonomie, sondern mit der eher untypischen, gleichwohl jedem bekannten, eben gerade nicht „Herr im eigenen Hause" zu sein. Die Lehrerin kann also darauf bauen, dass die Argumentation der Schüler/innen sich zumindest strukturell dem Lutherschen Muster annähern werde. Nicht überraschend stellte sich dies für die Kinder als ein Streit zweier Größen „im Kopf" dar. Die Kinder kennen für diese Vorstellung Muster etwa aus den Comics, wo „Engelchen" und „Teufelchen" die inneren Konflikte symbolisieren.

Für den Verlauf der Stunde erwies es sich als „Kairos", dass es der Lehrerin gelang, das Auftauchen des beschriebenen Bildes zu nutzen, um ihrerseits Luthers Szene mit den beiden streitenden Reitern ins Spiel zu bringen. Von Vorteil erwies es sich, dass die Lehrerin selbst die Gepflogenheiten heutigen Reitens gut kannte und etliche der Kinder auch. Dies erklärt, warum das „In-der-Box-Stehen" zu einem zentralen Topos in der Argumentation werden konnte. Die Kinder konnten nämlich herausarbeiten, dass der existenziell bedeutsame Streit der Reiter eigentlich nicht die alltägliche Situation ist, sondern, wie auch Luther betont, nur für die Frage des Heils zutreffend ist. Die alltägliche Entscheidung etwa zwischen zwei verschiedenen Schokoriegeln ist dagegen unter Heilsaspekten neutral, insofern betonen die Schüler/innen zu Recht an dieser Stelle, „dass das Pferd in der Box steht", also von keinem Reiter geritten wird.

Die Lehrerin knüpft an dieser Stelle an die „Gottesbilder" an, die sie im früheren Unterricht behandelt hat. Dabei spielt besonders das „Marionettenbild" eine wichtige Rolle, worauf ja auch Schweitzer u.a. zu Recht in ihrer Studie verwiesen haben.[83] Dabei zeigte sich einerseits die Verwandtschaft der beiden Bilder (Pferd bzw. Marionette). Es wurde aber auch deutlich, dass diese Vorstellungen die Schüler/innen nicht fixieren, etwa auf ein bestimmtes kognitives Niveau, sondern, wie wir oben ausgeführt haben, ein Vehikel sein können, um durch Veränderungen innerhalb des Bild-Settings auch neue theologische Fragestellungen auszudrücken.

Auf die beiden beschriebenen Aspekte wird sich die Detailanalyse im wesentlichen konzentrieren.

---

[83] Friedrich Schweitzer u.a.: Religionsunterricht und Entwicklungspsychologie. Gütersloh 1995, 6 ff.

Es schließt sich in dieser (überlangen) Stunde dann noch die szenische Inszenierung des Erasmus-Gleichnisses an. Die Lehrerin arbeitet mit einer fast lebensgroßen Kinderpuppe und einem Apfel. Das Gespräch über Hilfsbedürftigkeit und Autonomie wird also auch hier im Zusammenhang konkreter Bildhaftigkeit geführt.

Luthers Bild von den beiden Reitern als Paradigma

Wir beginnen unsere Analyse mit Tillmanns Versuch, den inneren Konflikt (z.B. des Mädchens, das den Walkman demoliert hat) als Streit zwischen dem „gutmütigen Gehirn" und dem „nicht-gutmütigen" zu beschreiben. An diese Äußerung knüpft die Lehrerin dann ihre Ausführungen zu Luther an. Elisabeth ist dann, wie gesagt, in der Lage dieses Bild mit ihren Vorkenntnissen aus Donald-Duck-Geschichten zu identifizieren. Von derselben Schülerin stammt dann auch der für die weitere Diskussion zentrale Satz „Ich würde sagen, meistens steht es [das Pferd] in der Box." Mit dieser Formulierung hat Elisabeth deutlich gemacht, dass sie in der Lage ist, innerhalb des vorgegebenen Bildes einen eigenständigen Fluchtpunkt zu formulieren, als deutlich wird, dass das Lutherbild zwar auf die großen Heilsfragen passen mag und auch auf die außergewöhnliche Situation des Mädchens mit dem Walkman, nicht jedoch auf die zahlreichen Situationen des Alltags. Dieser Gedanke öffnet deshalb die weitere Diskussion und er kann dies tun, weil auch die Lehrerin diesen Gedanken bewusst verstärkend aufnimmt.

Sarahs Idee (29) „Ähm, ja, ich denk' eigentlich, wenn man so im normalen Leben, wenn nichts passiert, is' schon der Gott, aber wenn/wenn da jetzt/wenn man jetzt wütend ist, dann ist es halt der Teufel. Also, des glaub ich ( )" wird substantiell erweitert durch das Bild von der Box. Dort wirkt dann weder Gott noch der Teufel auf einem ein. Hier ist offenbar ein Feld der Autonomie:

Martin (33): Ja, weil man da ja/ja weil man da sich selbst steuert sozusagen.

L (34): Man steuert sich selbst. In der Box steuert man sich selbst. Wann würdet ihr sagen, wann ste/wann steht man normalerweise in der Box? Tillmann!

Tillmann (35): Zum Beispiel jetzt im Moment, in diesem Moment, ( ) [L: Und warum?] weil wir ganz normal sind, weil wir nicht wütend aufein/aufeinander sind oder/oder weil wir uns auch nicht äh groß jetzt also andren so ganz lieb sind, ah lieber Junge und so ((Streicht seinem Nachbarn über die Schultern – Lachen der Mitschüler/innen)) also ganz normal eben.

[...]

Nikolas (39): Ja also wenn man ganz ruhig ist, wenn man zum Beispiel schlafen würde, wenn dann/dann ist es ja auch äh macht man ja gar nichts, oder wenn man zum Beispiel/wenn man jetzt zum Beispiel ähm spielen würde draußen mit 'nem Freund oder so was, dann ist man ja auch ganz normal so was ganz normal halt. Da ist es auch so, denk ich jetzt mal, meine Meinung.

Die Kinder haben mit der Einführung des Gedankens mit der Box, das ursprüngliche Bild Luthers gemäß seiner eigenen Logik erweitert. Dabei verbleiben sie insoweit in der Logik Luthers, als dieser seine Aussage von den zwei Reitern bewusst auf die Fragen des Heils bezogen hat und keinen Determinismus des Alltags damit beschreiben wollte. Insofern betont Elisabeth mit Recht, dass die scharfe Alternative Gott/Teufel auf Alltagssituationen nicht unmittelbar übertragen werden kann:

Elisabeth (53): Jo, also ich würd' sagen, eigentlich, dass man da nicht gesteuert wird, weil äh, ich mein', ist ja selber der eigene Geschmack, ob man jetzt einem das Bounty oder lecker schmeckt mehr schmeckt oder das Mars, also ich mein', das entscheidet ja wohl nicht Gott oder der Teufel.

Für komplexere Situationen nehmen die Schüler/innen dann ein Miteinander von Gott/ Teufel und dem eigenen Willen an:

Julia (72): Ich würd' sagen, von jedem ein bisschen, also, dass man Entscheidungen trifft, die eigentlich von Gott und vom Teufel geführt werden und auch ohne, also, dass man alleine die entscheidet, wenn's um wichtige Sachen geht, (Privates oder so).

L (73): Dann entscheidet man alleine. [Julia: Ja.]. Elisabeth!

Elisabeth (74): Ja also, ich würd' auch so ähnlich wie die Julia sagen, also weil, man wird ja nicht immer/entweder steuert man sich nicht immer alleine oder man wird aber denk' ich auch nicht immer vom Gott oder vom Teufel gesteuert. Das is' schon irgendwie so en/so en Mischmasch. Ja, vielleicht en bisschen näher (am Teufel und am Gott).

Interessant ist an dieser Stelle der Übergang zu den Gottesbildern der Kinder. So hatten in ihren Zeichnungen im früheren Unterricht zwar nicht das Modell des Reiters benutzt, dafür aber mit einer Art Marionettenspieler ein durchaus verwandtes Bild:

Hendrik (78): Äh, dass Gott uns steuert und als ein/ also, dass jeder Mensch halt von Gott gesteuert wird. [L: Wie hast du das gemalt?] Des is/steht Gott halt oben auf 'ner Wolke und hat so en Steuerknüppel und unten steht ein Mann, und der sagt: Ich wird' von Gott gesteuert.

Doch dieses Bild von Hendrik findet Widerspruch:

Elisabeth (88): Ich würd sagen, des was der Hendrik gemeint hat, ist schon was anderes. [...] Weil also naja, ich mein' die Menschen tun ja auch schon Sachen, also die, wo Gott nicht gesagt hat: Ja, tu des jetzt und ich steuer' dich so ja, [...] sondern die machen ja auch mal was, was dem Gott halt zum Beispiel jetzt nicht so gefällt, oder so. Aber trotzdem denk' ich, ist Gott immer und überall. So irgendwie unter uns.

L (89): Mhm. Gott ist immer und überall. Patrick.

Patrick (90): Also ich hab' jetzt gemalt, [...] dass unten en Mensch ist, der halt auch nicht gut ist, also der schlechte Sachen gemacht hat und der Gott steuert den trotzdem, also der Gott steuert manchmal einen, manchmal einen schlecht, ja.

L (91): [...] Stimmt des, dass Gott, ( ) wenn Gott die Menschen steuert, s'is eigentlich logisch, dann muss er sie eigentlich auch manchmal schlecht steuern. Kann so was sein? Meinung! S'is auch interessant, ne? Ja.

Anna (92): Ja, wenn, dass er auch mal en Fehler macht.

L (93): Ach, Gott macht auch mal en Fehler? Würdest/ja/oder man macht was extra, macht er's aus Versehen oder macht er's extra? Was würdest du sagen?

S (94): Ja, ich denk' auch, aus Versehen, er kann ja auch nicht immer in die Zukunft blicken.

[...]

Tillmann (98): Ja, also ich glaub' schon, dass er das er das manchmal extra macht, damit wir uns selbst aus dieser Situation rausbringen, vielleicht. Dass wir [...] wir uns nicht immer auf ihn verlassen sollen und so.

L (99): So eine Art Erziehung.

S (100): Ja, genau.

L (101): Also, wenn mal was schief geht, ist es auch vielleicht einfach Erziehung.

Tillmann (102): Ja, also ich hab' hier gemalt, dann Gott auch auf 'ner Wolke und [...] dass er da eben Briefe liest, also die Gebete, die wir zu ihm gesprochen haben und so. [...] Und, dass er uns auch steuert, aber eben auch manchmal schlecht, dass wir uns [...] also selbst aus was rausbringen müssen und so. Uns nicht immer auf ihn verlassen müssen. Und so.

Die kurze Sequenz bietet uns nochmals ein breites Angebot von Antworten zur Theodizee. Gegenüber Hendriks Aussage mit einer an Osers Stufe 1 erinnernden Marionettenszene erheben Elisabeth und Tillmann Einspruch zugunsten einer größeren Autonomie und Verantwortung des Menschen. Tillmann entwickelt daraus ein Erziehungsmodell der Theodizee. Patrick und Anna vertreten gegen die Vorgabe des Luther-Bildes kein dualistisches, sondern ein monistisches Konzept. Gott ist auch der Verursacher des Bösen, wobei die Schüler/innen dies als Anfrage an seine Allmacht formulieren. Wie im morgendlichen Beispiel wird die Frage gestellt, ob Gott die Folgen seines Tuns immer antizipieren könne.

Wie fruchtbar das Bild ist zeigen auch die Beispiele aus den Tübinger Stunden. Zur Theodizee entstehen dort drei Bilder.

So meint ein Schüler: „... wie man das malen sollte. Dass Gott da, dass irgendwelche vor dem stehen, so dass der irgendwie nichts sieht."

Oder eine Schülerin meint: „Vielleicht, dass die Fäden abgerissen sind." oder ein

Schüler: „... jetzt hat der Teufel noch 'ne Schere, mit der er irgendwie die von Gott trennt." Und ergänzend dazu eine Schülerin: „Oder dass die Fäden reißen und der Teufel dann die Marionette auffängt."[84]

---

[84] F. Schweitzer u.a. a.a.O., 12 f.

Gottes Eingreifen als Rückversicherung – die Sequenzialisierung der Erasmusargumentation

Die Anlage der Stunde zielte bewusst auf die schwierigere Argumentation Luthers. D.h., dass die leichtere und unmittelbar einleuchtendere Überlegung des Erasmus in dieser Stunde erst dann zum Zuge kommt, wenn die Schüler/innen sich anhand der Luther-Passage „die Zähne ausgebissen" haben. Interessant ist die Rezeption des von der Lehrerin szenisch hervorragend dargebotenen Erasmusmaterials. Die Schüler/innen nehmen das Bild auf, akzentuieren aber von vornherein anders als Erasmus. Für sie ist zweierlei entscheidend: 1. Das Kind hat Recht und Möglichkeit, so weit und so gut selber zu gehen, wie es eben geht, 2. Für den Fall, dass es Probleme gibt, greift Vater/Mutter oder Gott ein und bringt die Sache glücklich zu Ende. Die Schüler/innen lösen damit das Problem der *Gleichzeitigkeit* von Gottes und des Menschen Handeln im Sinne einer „bedingten Sequenzialität". Nicht mehr die Frage nach Heil oder Unheil bestimmt die Fragestellung, sondern die Vorstellung von Gott als „Rückversicherung", als Garant dafür, dass wir in unseren Versuchen der Autonomie nicht scheitern. Die Szene aus dem Raum der Erziehung evoziert Bilder aus einem liberalen, kinderfreundlichen Erziehungsmilieu. Die Erziehungspersonen geben den Kindern Raum zur Entfaltung und halten sich im Hintergrund bereit für den Fall, dass das Kind ihre Hilfe braucht.[85]

Nikolas (104) beginnt mit der Erläuterung des Bildes seiner Lehrerin in diesem Sinne: „[Gott soll sich so zu den Menschen verhalten,] wie wenn Mutter des macht oder so, die Hände so festhalten, und dann so en bissle mitlaufen, dass des auch so macht, (des is der Anfang) dann geht der wieder weg, und des kann dann wieder weiterlaufen."

Die Lehrerin (107) erläutert dann das Bild genauer: „Der Erasmus hat gesagt, der Gott macht des immer so. Eigentlich könnt' er's ja natürlich aufheben so ((L nimmt Babypuppe auf den Arm)) und helfen und tragen. Macht der aber nicht. ((L legt Babypuppe wieder auf den Boden)) Der macht was anderes. Es liegt frustriert da, schiefgelaufen, der nimmt en Apfel, en ganz tollen und legt ihn hier hin. ((L legt in einiger Entfernung zur Babypuppe einen Apfel auf den Boden)) [...] Was könnte jetzt passieren?"

Also Gott hat auf jeden Fall schon mal etwas gemacht.

Lars (110) qualifiziert diese Vorleistung Gottes als „Starthilfe".

Diesen Gedanken nimmt Nikolas auf und formuliert sein Verständnis im Sinne der oben skizzierten Sequenzialität, wobei er Luther offensichtlich dahin missversteht, dass dieser in seinen Augen Gott wohl brüsker handeln lässt als in dem einladenden Bild des Erasmus.

---

[85] Wir erleben diese Haltung wieder bei der Rezeption des Gleichnisses vom „Großen Gastmahl", wo die Schüler/-innen gerne die Einladung zum Fest (Gottes) zur Kenntnis nehmen und für den Fall, dass sie ihr nicht folgen können oder wollen, sie unbedingt aufheben werden für den Fall, dass man vielleicht doch einmal davon Gebrauch machen möchte (eigene Praktikumsstunde). Vgl. in ähnliche Richtung Gabriele Faust-Siehl u.a.: 24 Stunden Religionsunterricht. (Münster) o.J. in der Stunde P02, bes. 36 f.

Nikolas (116): Ja, dass der erst mal den Apfel hingelegt hat und dann find' der, des ist dann auch wie 'ne Starthilfe, aber nicht des, wie der Martin Luther des sagt, dass der Gott äh des sagt „Hopp, da ist en Apfel, hol' ihn dir!" oder so was. Äh da ähm ich finde, das müsste wie der Erasmus es macht, dass der sagt, äh, dass der da ähm en Apfel hinlegt und dann guckt des Baby ja des schon an und versucht es ja schon, aber es schafft net/es schafft es nicht, und dann kommt erst Gott an, also nur mal und hilft es dem noch mal.

L (117): Ja, wann macht denn des Baby was alleine und wann macht's Gott?

Nikolas (118): Ja, es guckt zuerst den Apfel an und dann versucht es halt hinzulaufen und schafft's aber nicht.

[...]

L (121): Natürlich probiert's, so gut es es packt. Ja, gut. Gott/Gott macht also mal Gott was draus, und der Mensch macht was, so findet des jetzt Erasmus. Wenn ihr euch jetzt überlegt wenn jetzt ganz normal in eurem eigenen Leben überlegt/überlegt. Habt ihr den Eindruck, dass des stimmt? Die Elisabeth hat vorhin gesagt, sie denkt erst mal, da gibt's 'ne ganz große Box, in der entscheidet man allein. Was würde jetzt der Erasmus sei/sagen, gibt's bei/gibt's bei Erasmus 'ne Box, wo der Mensch ganz alleine entscheidet oder nicht? Sara!

Sara (117): Ja, ich glaub' eher nicht, weil ähm der Apfel war ja schon mal da, und dann/da hat er ja schon mal geholfen und ich glaub' eher, der/der will damit sagen, dass Gott uns eigentlich immer leitet und net/und net, daß wir alles alleine machen, oder so.

L (123): Sagt das ähm also gut/ des sagt der Luther eigentlich auch. Gell. Gott leitet uns immer. Also jedenfalls, wenn der [S: Ja, aber der] wo ist der Unterschied?

Sara (124): Ja, bei dem gibt's jetzt sozusagen Erasmus gibt sozusagen keine Box, wo das Pferd da ist und zum Beispiel noch auf den Reiter wartet oder so, sondern, da is, da wär' bei/ wenn der Erasmus (des so sagen würde), wär' der Reiter praktisch immer da.

L (125): Ja. Is der/is der. Ja. Tillmann!

Tillmann (126): Also vielleicht steht das Pferd doch im/in der Box, aber eben kümmert sich der Reiter um das Pferd. Macht's/also Hufeisen sauber oder bürstet so.

L (127): Mhm. Also Gott kümmert sich immer en bisschen. Jetzt hat jeder eine Chance und zwar, jeder von euch hat ein Bild gemalt. ((Schüler/innen stimmen zu)) So ist Gott mit den Menschen und jetzt könnt ihr mal/äh könnt ihr mal überlegen, wie wäre des, wenn ihr euer Bild sozusagen zeigt. Also zuerst mal ist hier ein Mensch, der ist erledigt. (L legt Babypuppe wieder auf den Boden) Der ist/hat keine Lust, der Apfel liegt immer noch da. Was glaubt ihr jetzt eigentlich, was macht en Mensch wie entsch/entscheidet der sich, wenn er sich ganz/ganz alleine entscheiden würde, was wäre dann, wenn Gott mithilft, wie hilft er mit oder wenn Gott alles alleine macht, wie wär's?

Die Schüler/-innen schaffen es zwar, in einem Bild stringente Überlegungen anzustellen. Die Übertragung des einen Bildes ins andere misslingt aber eher. Maßgeblich dürfte hier auch sein, dass nach einer Stunde Diskussion den Schüler/innen die Konzentration schwindet und auch die Lehrerin dann nicht mehr mit derselben Spritzigkeit die Gedanken zu vermitteln weiß wie am Anfang. Sie trägt damit ihren Teil zu der skizzierten Lösung bei, die sich dann auch in Larissas (128) Interpretationsversuch wiederfindet:

Also, ähm das Baby, das sieht da hinten den Apfel schon mal (Larissa legt Apfel auf den Boden) und des is dann am/des sieht den halt da und will halt dann zu dem hingehen (Larissa geht mit Babypuppe in Richtung Apfel) und irgendwann denkt's: „Oh des is' aber zu weit weg und so", und dann denkt's: „Oh Gott, jetzt will ich nimmer" und dann legt's sich hin (Larissa legt Babypuppe auf den Boden) und *irgendwann ähm kommt dann Gott und hilft ihm dann weiter vorzugehen zum Apfel.* (Larissa geht mit Babypuppe zum Apfel) Und dann hat sie den Apfel und dann isst sie ihn auch selbst. [86]

Der Gedanke des letztendlich hilfreich oder tröstend eingreifenden „mütterlichen" Gottes findet sich dann noch unter verschiedenen Bildern (z.T. unter Aufnahme vorher geäußerter Vorstellungen):

Hendrik (130): Also ich hätt' jetzt gedacht, dass der Gott dann, also der legt auch en Apfel hin und das Kind will da ((Lautes Lachen der Mitschüler/innen, weil Patrick den Apfel kickt)) will da halt auch hin und des schafft's halt nicht und dann steuert der Gott (mit so Fäden) [L: Ah. ( )] dass der Gott des dann irgendwie so steuert. (Lachen der Mitschüler/innen) (Und es läuft dann halt selbst hin.) [L: Und dann?] Und dann isst's den Apfel. [L: Selbständig, oder auch mit als Marionette?] Selbständig.

[...]

Kevin (136): Also (der kommt von oben, so mit Steuerknüppel) „Steh/steh'ma'auf!" ((Kevin imitiert kurzes Wimmern, Mitschüler/innen lachen.)) Und dann sagt's: „Will aber zum Apfel!" ((Kevin richtet Babypuppe auf und führt sie.)) Dann sagt der Gott: „Okay, dann geh' mer dahin!". Geht's, denkt's: „Ich will aber den Apfel doch net." Kehrt's wieder um. Legt's sich wieder hin. Sagt der: „Du wolltest doch en Apfel." Dann geht's wieder hoch und sagt: „Okay, jetzt geh' ich." Und dann geht's hier ((Kevin führt Babypuppe zum Apfel)) und isst.

[...]

Anna (145): Gott fordert ihn wieder auf hinzugehen. Ähm, also sagt: „Komm, mach's nochmal, das schaffst du schon!" Also so was wie 'ne Prüfung. Also, wenn man irgendwie 'ne Prüfung abschließt. „Oh, ich schaff' des nicht, ich mach' des doch lieber/doch lieb/doch lieber nicht." Und ja, dass er dann wieder sagt: „Komm mach's dann hast'es hinter dir."

[...]

---

[86] Hervorhebung von uns.

Larissa (150): Ich wollt' des noch sagen, also, ähm ich denk' halt, das Baby, das sieht halt dann den Apfel und denkt: „Oah, des würd' ich jetzt auch gern haben, weil ich hab' Hunger und so." Und dann/dann geht's halt schon mal und wandert halt da mal en halben Weg dahin oder en Stückchen, und dann denkt's: „Oah, mir tun die Beine weh. Ich hab' keine Lust mehr, diesen kack Apfel, der kann da auch liegen bleiben. Wart' ich halt, bis meine Mama kommt." Oder so, ja. Und dann/dann/dann bleibt der da, und dann kommt halt Gott und sagt: „Komm, deine Mama kommt erst später, oder so, geh' doch da jetzt hin, du hast doch schon bald den ganzen Weg", oder so. Und hilft ihm halt.

Abschließend versucht die Lehrerin nochmals ein Resümee über das Sprichwort „Der Mensch denkt, Gott lenkt". Doch die Schüler/innen können hier nur noch unernst reagieren mit dem Werbeslogan „Nicht immer, aber immer öfter!"

Resümee und Versuch der Beantwortung der Frage nach dem Sinn eines solchen Unternehmens

Wer die hier beschriebene Stunde auf Video mitverfolgt, der wird keinen Zweifel haben, dass das Unternehmen „Theologisieren mit Kindern mit theologischen Klassikern" gelungen ist. Beim Nachvollzug der Stunde anhand der Transkription zeigt sich einerseits, dass die Gesprächsverläufe doch weniger geradlinig sind als es auf den ersten Blick scheint und dass auch Missverständnisse etc. zu finden sind wie in jeder Schulstunde.[87] Es fällt dem Betrachter meist auch nicht auf, dass eine gefällig verlaufene Stunde wie die vorliegende einer Lehrer/in bedarf, die sich in der – nicht einfachen – Materie so gut auskennt, dass sie flexibel mit den Inhalten umgehen kann. Sie braucht gleichzeitig aber auch ein Gespür für die Empfindungen der Schüler/innen, um hier sensibel wahrzunehmen, was die einzelne Äußerung für diese jeweils bedeuten soll. Über diese Anmerkung hinaus soll abschließend ein differenziertes Resümee gezogen werden, um für entsprechende Versuche Anregungen geben zu können.

Zum Gelingen haben folgende Punkte beigetragen:

- Das vorgelegte Bild war eingängig, es wurde sehr gut eingeführt und hatte in der Erfahrungswelt der Kinder eine Entsprechung.
- Es gelang, das Unterrichtsgespräch im Bild zu halten. Es gab keine nennenswerten Versuche zu abstrahieren oder zu generalisieren.
- Es war möglich, Verknüpfungen zum früheren Unterricht herzustellen (Gottesbilder).

Dass der Schlussteil der Stunde nicht mehr dieselbe Präzision hatte, lag gewiss zu allererst an der Überlänge der Stunde, die die Konzentration von Lehrerin und Schüler/innen sehr stark forderte. Dabei zeigten sich einige Schwachstellen.

---

[87] Auf dieses Phänomen muss gerade bei der Analyse von Unterrichtsprotokollen immer wieder hingewiesen werden.

- Das Hereinbringen eines *zweiten Bildes* verkomplizierte den Gesprächsduktus auch dann, wenn die Entfaltung des Szenarios zum Erasmustext mit Babypuppe und Apfel höchst originell war.
- Die Kinder diskutierten dann auch die Erasmusvorlage stärker aus ihrer Perspektive und machten weniger Anstalten als bei Luther, die ursprüngliche Absicht des Textes erspüren zu wollen.
- Es war für die Kinder erwartungsgemäß nicht möglich, die beiden dargebotenen Bilder miteinander ins Spiel zu bringen. Dies hätte ein Denken auf formaloperatorischem Niveau vorausgesetzt, was so nicht möglich war.
- Die von Schweitzer u.a. geäußerte Vermutung, dass es schwirig sei, Texte durch andere Texte zu erschließen[88], gilt wohl auch für den Versuch, mehrere bedeutsame Bilder nacheinander in *einer* Stunde entfalten zu wollen. Die Schüler/innen machen ihre Phantasie und ihr Nachdenken an einer Sache fest, der sie oft noch länger nachhängen. Sie sind dann meistens nur bedingt in der Lage, sich mit derselben Energie auf ein neues Bild einzulassen. Von daher hätte vieles dafür gesprochen, die Erasmusthematik in einer eigenen Stunde nochmals aufzunehmen. Vermutlich könnte man dann auch mit Kindern dieses Alters in einer dritten Stunde dann nochmals einen Anlauf nehmen, didaktisch gut vorbereitet, die beiden Ansätze nebeneinander zu stellen.

Als Gesamtresümee wird man sagen können, dass vom Verlauf dieser Stunde her alles dafür spricht, ähnliche Versuche mit „theologischen Klassikern" zu unternehmen. Dabei erfüllen wir eine doppelte Aufgabe. Wir bieten den Schüler/innen anspruchsvolle Möglichkeiten, in wichtigen Fragen Klärungsprozesse für anthropologisch bedeutsame Fragen herbeizuführen. Dabei tragen wir zugleich zu der notwendigen theologischen Arbeit am „kulturellen Gedächtnis" bei.[89]

---

[88] F. Schweitzer u.a. a.a.O., 35.
[89] Jan Assmann: Das kulturelle Gedächtnis. München 1999, 36. „Zwar ‚haben' Kollektive kein Gedächtnis, aber sie bestimmen das Gedächtnis ihrer Glieder. Erinnerungen auch persönlichster Art entstehen nur durch Kommunikation und Interaktion im Rahmen sozialer Gruppen."

4. Freier oder unfreier Wille?

Ein Unterrichtsprotokoll[90]

Zu Beginn der Stunde erzählt Frau von Choltitz folgende Geschichte: Gaby ist wütend auf ihren Bruder (der Grund dafür wird nicht genannt), stürzt in sein Zimmer und zerstört im Affekt dessen Walkman. Warum ist sie so wütend? Die Schüler/-innen sehen Gabys Tat als Racheakt entweder für die Zerstörung eigenen Eigentums oder für eine massive und wiederholte Provokation durch den Bruder an. Als Auslöser für das Verhalten des Bruders berichten die Schüler/-innen aus ihrer eigenen Erfahrung mit (meist älteren) Geschwistern von Neid untereinander und ungerechter Behandlung durch die Eltern (→ Racheakt), bzw. dass ältere Geschwister sich oft Sonderrechte gegenüber ihren jüngeren Geschwistern herausnehmen. Gabys Gefühle nach der Tat werden einerseits als Reue („es tut ihr leid"), andererseits als Furcht (vor Bestrafung durch die Eltern, vor den Kosten der Ersetzung) beschrieben. Die Frage, die die Schüler/-innen jetzt beschäftigt, ist: Was treibt den Menschen zu solchen unüberlegten Handlungen im Affekt? Wieso passiert einem so etwas?

24:53 (1) Tillmann: Es gibt ja zwei Gehirne, also das eine ist das gutmütige Gehirn und das andere ist ja das äh/äh das nicht gutmütig ist, [L: Mhm.] und das ist meistens schneller, das das nicht güt/gutmütig ist, der/also die Reaktion sind meistens schneller als das andere, und dann kommt das andere später an, und dann tut's einem wieder leid. Weil/

25:10 (2) L: Ach so, du meinst dieses limbische System [T: Ja, genau.], das viel schneller ist und das dann schon en Befehl gibt und jetzt sozusagen einfach Hauen zum Beispiel oder was runterschmeißen, und wenn man dann wieder denkt, äh dann ist das andere, die andere Gehirnhälfte, ach ja, der Neocortex ist des, ja genau. Ja! Hendrik!

25:24 (3) Hendrik: Sie haben uns ja mal gesagt, bevor man jetzt auf jemand losgehen soll, soll man immer bis hundert zählen.

25:30 (4) L: Zähl' mindestens mit zehn ja oder bis auf zehn. Ja, das heißt also, man hat mindestens ein paar Sekunden gespart, dass man eventuell nachdenkt. Warum/warum passiert's trotzdem, des ist zumindest eine Erklärung. Der Martin Luther hat sich/hat/hat was/'ne andere/einen anderen Eindruck gehabt und zwar, der hat gesagt: Tja ist eigentlich auch nicht unbedingt ein Wunder, warum einem so was passiert. Der findet ähm Menschen, die reitet manchmal einfach was, da reitet einen der Teufel. Ganz einfach. ((L lacht kurz)) Es passiert einfach was. Und warum? Der hat folgendes gedacht: Ich mal'/ich kann nicht so gut malen, aber ich probier' des

---

[90] Für die Transkription danken wir Frau Judith Brunner.

mal. Also, hoffentlich klappt des jetzt ((beginnt ein Pferd an die Tafel zu malen und und vollendet die Zeichnung während ihren nachfolgenden Erläuterungen)), Pferd/Pferd zu malen.* Der hat gesagt, er glaubt, dass Menschen, also in dem Fall, also grundsätzlich sind eigentlich eher so wie/wie en Reittier, also wie en Pferd, ( ), die/die Pferde haben auch ihre Trense an. So und sind fertig, Sattel drauf alles/alles bereit nur, wer bestimmt normalerweise, wo ein Pferd hingeht, wenn auf ihm geritten wird? Keine Frage. Natürlich logisch. Sara!

26:42 (5) Sara: Der Reiter.

26:43 (6) L: Genau, der Reiter. Und der äh der Martin Luther sagt, Menschen sind wirklich wie Reittiere, die bestimmen nicht selber unbedingt, wo sie hingehen, sondern da gibt's jemand. Seinem Eindruck nach ist es folgendermaßen: Wenn das Pferd noch in der Box steht, den Sattel schon/ äh der Sattel ist schon drauf, alles ist fertig, dann kommt einer, nimmt ihn/nimmt den Pferd an den Zügeln und führt's raus. Und dann sagt er: Und wenn es der Teufel ist, dann hmm s'schwingt er sich drauf, und dann passieren genau die Sachen, die nicht passieren sollen, zum Beispiel, dann rennt/rast das Pferd über alle Hürden und reißt sie runter, oder es rast in Gärten rein, zertrampelt alles, rennt weiter oder zum Beispiel wenn im Reitstall dann zum Bei/kleine/kleine/kleine/kleine Katzen da sind, dann wenn die nicht so schnell so/schnell genug wegkommen können, dann würden die auch noch zertrampelt. Das heißt also, wenn da der Teufel ist und der ein/diesen/dieses Pferd da sich schnappt, den Menschen und ähm loslegt, dann passiert einfach/einfach die/ einfach alle die Sachen, die einem nicht passieren sollten, dann sagt er: Nein, so ist es nicht immer/so ist es nicht immer, sondern er hat en anderen Eindruck, dass is ach was, dass is zwar theoretisch auch der Teufel einen am Zügel greifen könnte, aber er denkt, nee eigentlich is es so, dass Teufel und Gott sich immer streiten, Teufel will irgendwo wegreiten, dann kommt Gott und sagt: Moment halt hier, wenn hier jemand reitet, dann bin ich es. Und dann streiten sie sich sozusagen um die Zügel und äh wenn Gott dann den Zügel hat, und er sich da draufschwingt, na ja, das kann man sich dann schon vorstellen, was nach Martin Luther dann wieder passiert, beim Teufel geht alles schief, restlos alles, da ist alles passiert, was nicht passieren sollte, es tut jemand weh, es geht etwas kaputt und, und. Und Kevin!

28:39 (7) Kevin: Bei Gott da passiert's dann nichts, also da/der reit's/der reitet das Pferd immer ganz gerade. Und da wo der Gott auch hin will und trampelt keine Tiere tot.

28:52 (8) L: Ja. Ganz genau. Was wolltest du noch sagen.

28:54 (9) Elisabeth: Also ich wollte noch dazu, was Ähnliches gibt's auch immer bei Donald Duck oder so, da is jetzt immer so en so ähm en Teufel und dann noch so en Engel, und der Engel der streitet sich dann immer mit dem Teufel, was der machen soll.

29:05 (10) L: Aha. Ja, des is ganz ähnlich. Also und dann äh Luther sagt: Gut, wenn Gott den Zügel hat, dann wird alles gut, und wenn der Teufel den

Freier oder unfreier Wille? 55

          Zügel hat, dann ist es aus, dann ist/der schwingt der sich drauf und, der Mensch macht wirklich restlos all das, was ähm ja, was der will oder dann geht ihm einfach alles schief. Des war sozusagen mal die/des war die Idee, da können wir jetzt mal überlegen, ob ihr/ob ihr denkt, dass des 'ne gu/eine gute Idee's/ist, ((L schreibt über die Pferdezeichnung: Martin Luther)) das nun relativ viel erklärt oder nicht. Stimmt des, dass es Situationen gibt, in denen man denkt: Oh nee, ich hab was gemacht, aber eigentlich wollte ich das nicht. Des is doch kaputtgegangen Ich weiß nicht. Mh stimmt des oder stimmt des nicht? Elisabeth, was würdest du sagen?

29:56 (11) Elisabeth: Ja, also ich würd' sagen schon, also wenigstens manchmal, weil wenn man dann wirklich was Schlimmes getan hat, also dann/dann/dann ist man ja wirklich danach irgendwie schon geschockt, will man so was überhaupt tut also wo/was man eigentlich gar nicht die Idee dazu hätte.

30:17 (12) L: Mhm. Also fast wie wenn man/irgendein anderer hätte das Gefühl, ein anderer hätte die Idee gehabt oder so, dass man's nicht richtig selber macht. [Elisabeth: Ja, so ungefähr.] Was meint ihr gibt's sowas oder gibt's so was nicht? Ist des 'ne gute Erklärung oder/oder würdet ihr das einfach anders erklären? Kevin!

30:36 (13) Kevin: Ja, also ich würd' sagen, des ist schon so. Weil wenn man was kaputt macht, also nur was/eigentlich ganz arg wütend ist zum Beispiel, dass einer jetzt ähm ein Buch vollgekritzelt hat oder die das Buchzeichen rausgemacht hat ja dann kann man ja auch/also aus 'nem ganz dicken Buch dann (dann macht man ja auch so was) im ersten Moment, aber im zweiten dann nimmer.

31:09 (14) L: Ach so, ja vielleicht kann man sogar überlegen, wann so was passiert. Kevin (hat) gerade gesagt, im ersten Moment vielleicht, dann könnt man schon fast denken: Ach stimmt das ja. Nikolas!

31:20 (15) Nikolas: Ja, des is' genauso, als ob man/wenn man jemanden fragt: Hast du schon mal gelogen? Nö. Des ist ja des gleiche des hat schon/schon bestimmt jeder schon mal gemacht, also öfters bestimmt, des is ja/des passiert auf jeden Fall.

31:30 (16) L: Ach so. Würdest du jetzt sagen, selber, also Martin Luther, der hat früher gelebt hat einfach auch andere, ja andere Erlebnisse gehabt, würdest du jetzt in dem Fall sagen, wenn einer sagt: Nö. Ich hab noch nie gelogen. Würdest du dann eher sagen: Ja, des war jetzt [Nikolas: Des war gelogen.] war des ja/des war gelogen (war des gelogen). Des is' klar. Würdest du sagen, es/er, es is' 'ne gute Erklärung, dass da schon der Teufel da mitgespielt hat. Oder würdest du sagen: Na ja, andere Erziehung ist (auch ganz gut.)?

31:55 (17) Nikolas: Ich weiß nicht, des is' normal irgendwie. Keine Ahnung.

31:59 (18) L: Also, des gibt's einfach auch öfters, dass man so schnelle Reaktionen hat, die halt/die nicht immer so ganz in Ordnung sind. Joa, Larissa.

32:05 (19) Larissa: Ja, also ich würd' auch dasselbe sagen wie der Kevin, weil im (ersten) Moment denkt man immer Rache ja, da muss man halt irgendwas dagegen tun, und dann, wenn man's getan hat, und Wut dann da/da ausgelassen hat, dann/dann tut's einem schon wieder leid.

32:14 (20) L: Aha. Dass es einfach was Normales ist. Dass, so/so sind Menschen halt einfach, kann man das so sagen? (Sonst is' es/)

32:25 (21) Larissa: Weil, dass passiert eigentlich ja jedem Menschen.

32:27 (22) L: Aha. Ja.

32:28 (23) Tillmann: Ja, ähm mitdem/mit dem Lügen sage, wie der Niko, ja, und wenn er zum Beispiel seine eigene Haut damit retten kann, manche/also, dann/dann sagt man das automatisch zum Beispiel wenn ha/wenn man jetzt einen ermordet hat, angenommen. ((Mitschüler/-innen lachen.)) Und dann fragt/fragt die Polizei hast du ihn ermordet, dann sagt man automatisch Nein, weil/

32:49 (24) L: Also bei dem/wenn jemand einen ermordet hat, da ist es auch sehr oft ((Lacht)) ( ) das war jetzt zwar was anderes, aber man denkt da auch: O wei, hab ich das gewollt, oder hab ich das eigentlich nicht gewollt. Wenn der Martin Luther jetzt sich so vorstellt, daß der Mensch fast/ist nur so wie ein Pferd, wo einfach immer jemand draufsitzt, was denkt ihr, wie würde er äh s/würde er sagen: meistens reitet die Menschen der Teufel oder eher meistens eher Gott? Wenn man schon so überlegt, wie würdet denn ihr des dann einschätzen? Ja.

33:12 (25) S: Ich würd' sagen beides gleichzeitig, manchmal der Teufel und manchmal auch der Gott. [L: Mhm. Würdeste sagen/]. Manchmal machen sie was Gutes, manchmal auch was Böses.

(26) L: Elisabeth.

33:32 (27) Elisabeth: Ich würd' sagen, meistens steht's in der Box. Also, wird von keinem geritten. [L: Aha.] Weil, ich mein', es passiert ja nicht jeden Tag, dass man gleich so ausflippt, oder auch [L: Mhm.] oder gleich/gleich ganz ruhig bleibt.

33:42 (28) L: Ja. Das find ich auch sehr interessant. Ja, Sara.

33:46 (29) Sara: Ähm, ja, ich denk' eigentlich, wenn man so im normalen Leben, wenn nichts passiert, is' schon der Gott, aber wenn/wenn da jetzt/wenn man jetzt wütend ist, dann ist es halt der Teufel. Also, des glaub ich ( ).

33:59 (30) L: Ha das ist doch interessant. Also, normalerweise steht man in der Box. Was heißt/was würde wenn man's überträgt/was heißt des? Normalerweise wird man weder vom Teufel geritten noch vom/noch vom Gott, sondern normalerweise steht man in der Box. Wie würde/ich bin mal ganz gespannt, die Elisabeth weiß natürlich genau, wie se des gemeint hat. Was glaubt ihr, äh was/wie man des übertragen kann? Wann steht man in der Box. Selbständig sozusagen? (Man kann ja nicht) Also es ist immer so, also, es hat immer 'ne Trense an und so en Sattel, aber gut, steht in 'ner Box. Martin!

34:32 (31) Martin: (Wenn man in der ( ) ist.)

34:35 (32) L.: Und warum steht man in dem Fall in der Box?

34:37 (33) Martin: Ja, weil man da ja/ja weil man da sich selbst steuert sozusagen.

34:43 (34) L: Man steuert sich selbst. In der Box steuert man sich selbst. Wann würdet ihr sagen, wann ste/wann steht man normalerweise in der Box? Tillmann!

34:49 (35) Tillmann: Zum Beispiel jetzt im Moment, in diesem Moment ( ) [L: Und warum?] weil wir ganz normal sind, weil wir nicht wütend auf-ein/aufeinander sind oder/oder weil wir uns auch nicht äh groß jetzt also andren so ganz lieb sind ah lieber Junge und so ((Streicht seinem Nachbarn über die Schultern – Lachen der Mitschüler/-innen)) also ganz normal eben.

35:09 (36) L: Aha. Ja. Larissa, wie würdest du's denken?

35:11 (37) Larissa: Also ich denk' halt, wenn man was macht, was einem Spaß macht, also wenn man grad' irgendwie in Bewegung ist, Sport macht oder sonst irgendwas anderes oder malt oder irgendwas macht, dann steht man auch in der Box, weil da macht man ja nichts, sagt man ja zum Beispiel net ähm zu seiner: Oh du bist heute mein Schatz oder was, oder man/man zer/zerreißt auch nicht das Bild, weil da ist man ganz normal.

35:32 (38) L: Mhm. Und noch/noch vielleicht noch Nikolas. Und dann.

35:35 (39) Nikolas: Ja also wenn man ganz ruhig ist, wenn man zum Beispiel schlafen würde, wenn dann/dann ist es ja auch, äh macht man ja gar nichts, oder wenn man zum Beispiel/wenn man jetzt zum Beispiel ähm spielen würde draußen mit 'nem Freund oder so was, dann ist man ja auch ganz normal so was ganz normal halt. Da ist es auch so, denk ich jetzt mal, meine Meinung.

35:52 (40) L: Bin ich gespannt. Haben die alle genau dasselbe gesagt, hast du das gemeint, steht man dann in der Box?

35:56 (41) Elisabeth: Ja, also ich würd' auch sagen, ja, des auch, aber wenn man in der Box steht, dann verhindert man auch Streit manchmal so. [L: Ah. Erklär' mal.] Ja, also, wenn's jetzt en bissl brenzlig ist sozusagen, also dann ähm dass man da/da nicht gleich also dann eher den Streit verhindert als gleich äh los/also loszubrüllen oder so, ja.

36:25 (42) L: Das ist jetzt spannend. Ähm wenn jetzt/also stellt euch vor, da/die Gabi äh sieht ihre Bescherung, was auch immer da passiert ist, und sie steht da und denkt: Moment, ich geh' jetzt nicht rüber, ich mach' jetzt keinen Ärger, ich geh' jetzt rüber und sag': Moment, warum hast du das gemacht? Wir reden miteinander. Hat Gabi das ganz alleine gedacht, selbständig, hat sie selber entschieden oder war das doch Gott? Der sie da praktisch da unterstützt hat? Wie ist denn des, glaubt ihr wirklich/also Nikolas hat nämlich gesagt, wenn man schläft, dann steuert einen niemand, würd/glaubt ihr das eigentlich wirklich? Hendrik, ich glaub du (bist dran)!

37:04 (43) Hendrik: Wenn man schläft, dann wird man ja auch irgendwie gesteuert, träumt man ja auch was.

37:09 (44) L: Aha. Was würdst denn du sagen, wenn jemand nichts macht, oder normale Sachen macht, wer/wer oder was steuert denn wer/wer steuert dann?

37:17 (45) Hendrik: Da streiten die sich grad. [L: Hä?] Da streiten sich der Gott und der Teufel grad'?

37:23 (46) L: So, wenn sie sich streiten. Ah ja, hat da, gut/des ist also erst mal deine Idee. Was/was würdest du sagen, wenn man schläft oder wenn man selber so (entscheidet).

37:33 (47) Lars: Dann steuert man sich selber. Und so en bisschen halt der Gott, so en bissel abwechselnd.

37:37 (48) L: Mhm. Ah hast du 'ne Ahnung wie abwechselnd?

37:40 (49) Lars: Also des Träumen vielleicht der Gott oder so, [L: Mhm.] und wenn man einschläft ( ) man sich selber.

37:47 (50) L: Mhm. ( ) Eben jetzt grad zum Beispiel ist doch ziemlich interessant so, wenn man so abends daliegt und häufig nachdenkt und so wer steuert. Da kann man ganz verschiedene Meinungen haben. Des ist klar, ne. Ja!

37:57 (51) Anna: Ich würd' sagen, beim schlechten Träumen steuert einen der Teufel und bei guten irgendwie Gott.

38:03 (52) L: Und wenn jetzt zum Beispiel/ich/also ich nehme an man /man geht zum Kiosk und sagt, ich überleg' mir: Nehm' ich jetzt en Mars oder en Bounty. Elisabeth würde sagen also es wird bestimmt so was, da steht man in der Box. Wird man da gesteuert oder wird man da nicht gesteuert? (Des is' immer spannend.). Elisabeth.

38:21 (53) Elisabeth: Jo, also ich würd' sagen, eigentlich, dass man da nicht gesteuert wird, weil äh, ich mein', ist ja selber der eigene Geschmack, ob man jetzt einem das Bounty oder lecker schmeckt mehr schmeckt oder das Mars, also ich mein', das entscheidet ja wohl nicht Gott oder der Teufel.

38:39 (54) L: Aha. Sara, was würdest du sagen?

38:40 (55) Sara: Ja, mit dem/ähm/wenn man normal ist, wer da steuert, des is eigentlich ganz verschieden, wenn Leute, die irgendwie ähm stehlen oder so, da steuert halt, wenn se normal sind der Teufel und bei anderen, die ja eigentlich nicht so was machen, is es halt der Gott. Des kommt eigentlich ganz auf die Menschen dann an.

38:57 (56) L: Mhm. Du hast jetzt eigentlich grad' so ne Antwort gegeben, der Luther würde das auch sagen, also, bei manchen Leuten ist normal ähm ja, dass sie immer viel Unfug machen, passt zu ihnen und des wäre dann der Teufel, und bei anderen Leuten, die machen relativ viel/also sind halt auch normal, und da passiert nicht so viel, äh, da geht nicht soviel schief, da/da läuft alles ungefähr, da/da ist Gott dabei, also Luther würde sagen, ähm, und das ist jetzt die Frage ob's stimmt ne, wenn jemand ganz normal ent-

Freier oder unfreier Wille? 59

scheidet, und des geht ganz gut aus, da ist immer noch trotzdem der Teufel oder Gott dabei. Elisabeth hat gesagt: Nee, das ist mein Geschmack. Das entscheide ich. So, Larissa, was denkst du?

39:42 (57) Larissa: Also, ich hab' mal so 'ne wenn/wenn ich als dann so dastehe, und meine Mutter fragt: Willst du lieber ein Bounty zum Beispiel oder en Mars und irgendwie zum Beispiel und dann irgendwie denkt man s'is egal sagt man dann halt automatisch, und dann denkt man aber lieber, oh ich hätt' doch lieber des Mars oder so, wenn sie dann mit dem Bounty ankommt, dann irgendwie stellt man sich auch schon irgendwie vor. Ich stell' mir des auch immer schon vor, w/wie ich des haben will oder so und dann, wenn ich sag' s'is mir egal, dann will ich halt doch lieber des eine, und da denk' ich halt, dass des der Körper macht also net Gott und der Teufel (des entscheidet man selber).

40:15 (58) L: Also, manche würden jetzt sagen, da streitet sich jetzt irgendwas und du sagst, es ist einfach dein Körper, der da mal des nicht weiß und des.

(59) L: Das ist der/entweder der Körper steuert einen oder man selbst steuert einen. Tillmann!

40:28 (60) Tillmann: Ja, ich wollt' sagen, wenn man schläft, dann ich glaub', dann steuert man sich und auch irgendwie manchmal Gott und manchmal auch der Teufel, weil man kann sich ja auch/ man kann ja auch irgendwie überlegen im Traum, was man jetzt tut auch und wo man hingeht oder so im Traum.

40:46 (61) L: Und/noch ja/und du.

40:48 (62) Nikolas: Ja, ich hab' mal so ein Buch gehabt, also das war über/das war über so die Seele und so weiter für Kinder so erk/wie des erklärt ist, und da haben die gesagt, dass im Traum die Seele wandern tut und dass der Körper und die Seele mit einem silbernen Band s/verbunden ist, das nie reißt, äh reißen kann und dass die Seele entweder dann äh in ein anderes Land geht irgendwann, des sieht man oder es geht in die Zukunft oder in die Vergangenheit.

41:11 (63) L: Mhm. Wurde da auch gesagt, ob des/ist das von Gott erlaubt oder gemacht oder/

41:15 (64) Nikolas: Es heißt nur die Seele und so, der Körper und so.

41:18 (65) L: Aha. Ja, des is' auf jeden Fall, ähm was glaubt, wenn jetzt einer/wenn einem was passiert ist, wenn der Gabi des passiert ist und sie sagt, der Walkman liegt da: Oh, des war jetzt der Teufel, der mich geritten hat. Hm, wie klingt das? Vorhin haben wir nämlich gesagt: Nun ja, vielleicht kann man's ja ab und zu sagen, (so interpretieren) was ist daran vielleicht/vielleicht doch merkwürdig oder nicht? Ja, was würdest du sagen?

41:49 (66) Julia: Das klingt irgendwie albern, also der Teufel hat mich geritten, jetzt bin ich, also jetzt ist der Teufel daran schuld oder ich, also irgendwie halt albern, dass man so denkt.

42:01 (67) L: Larissa.

42:02 (68) Larissa: Wenn die des jetzt zu ihrem Bruder sagt, dann denkt der: Boah, bist du bescheuert, du hast mir eben meinen Walkman kaputtgemacht, ja, dann brauchst net mit Teufel oder Gott anzukommen, des hilft dir jetzt ja auch nicht mehr weiter, oder so. Und ähm ich denk', die hat schon recht, aber man kann des net einem dann sagen. Die denken halt alle, du bist bescheuert, wenn du sowas sagst, du hast es ja selbst gemacht.

42:21 (69) L: Ah, wir sind da jetzt/also äh einerseits hat se recht, andererseits sagt man des is äh/des is bescheuert, wie passt denn das zusammen. Ja, Tillmann!

42:31 (70) Tillmann: Na ja, also ich glaub äh, wenn/wenn man dann sagt ähm, der Teufel hat mich geritten, man ist da schon selbst dran schuld, find'ich, auch, weil man kann ja nicht immer alles auf den Teufel schieben, oder so ((Mitschüler/-innen lachen)).

42:42 (71) L: Mhm. Ja. Das heißt also, wir ähm ist der Mensch/wenn ihr jetzt entscheiden müsst, ist der Mensch jetzt ein wirklich so ein Reittier, das immer nur entweder geritten wird von dem und von dem und äh gar nicht bestimmen kann, welche Ideen oder welchen (Wut) oder welche Gefühle einen reiten, oder ist es nicht so, wenn man/wenn ihr euch entscheiden dürft. Was würdet ihr sagen, stimmt das jetzt eher oder stimmt das nicht? Ja, schwierig. Julia.

43:16 (72) Julia: Ich würd' sagen, von jedem ein bisschen, also, dass man Entscheidungen trifft, die eigentlich von Gott und vom Teufel geführt werden und auch ohne, also, dass man alleine die entscheidet, wenn's um wichtige Sachen geht, (Privates oder so).

43:28 (73) L: Dann entscheidet man alleine. [Julia: Ja.]. Elisabeth!

43:32 (74) Elisabeth: Ja also, ich würd' auch so ähnlich wie die Julia sagen, also weil, man wird ja nicht immer/entweder steuert man sich nicht immer alleine oder man wird aber denk' ich auch nicht immer vom Gott oder vom Teufel gesteuert. Das is' schon irgendwie so en/so en Mischmasch. Ja, vielleicht en bisschen näher (am Teufel und am Gott).

43:54 (75) L: Dein/dein Modell war sowieso es gibt 'ne Box und/oder man wird ausgeritten. Ja? Okay. Und in der Box äh entscheidet man selbst. Lars.

44:03 (76) Lars: (Es ist ja nicht immer so), weil wenn man sich jetzt ein Auto kaufen will, dann sagt haja und Gott: Nö, des kaufst dir nicht, des ist ein schlechtes Auto, oder so ((Mitschüler/-innen lachen)).

44:14 (77) L: ( ) Ja, sagt mal, aber gestern oder wie lang war das vor/vor ein paar Tagen haben einige Leute, wie habt ihr das gemalt, wie Gott und der Mensch zusammenhängen? In fast allen euren Bildern, ist es schon ähm beschrieben, würd' ich mal sagen. Wie hängt Gott und Mensch zusammen? Schau/Schaut ihr mal euch eure eigenen Bilder nochmal an.* Ah, jetzt könnt ihr also Künstler interpretieren ihre Bilder selbständig. Wie hängen die zusammen, Gott und Mensch? Hm auch mal/mal gucken, wer

Freier oder unfreier Wille?

hat/wen haben wir heute noch nicht so range/ ( ) hast schon aufgeschlagen? Nee, okay. Nachher kommst du dran. Ähm, ja. Hendrik.

44:54 (78) Hendrik: Äh, dass Gott uns steuert und als ein/ also, dass jeder Mensch halt von Gott gesteuert wird. [L: Wie hast du das gemalt?] Des is/steht Gott halt oben auf 'ner Wolke und hat so en Steuerknüppel und unten steht ein Mann, und der sagt: Ich werd' von Gott gesteuert.

45:10 (79) L: Ja. Findest du's/ähm würdest du's jetzt noch mal was Zusätzliches reinmalen? Nachdem wir jetzt überlegt haben. Grundsätzlich findest du schon, das es so ist? Is interessant, ne! Achtung, jetzt hast du's wirklich schwer. Was/wie würdest du sagen, wenn jemand entscheidet welches Bounty, welches Twixx? Oder so. Würdest du sagen, da ist in/im Hintergrund ganz im Geheimen ist irgendwie Gott da, der steuert ihn so allgemein. Und wie [Hendrik: En bisschen.] würdest des sehen? So en bisschen wie'n/

45:41 (80) Hendrik: En bisschen entscheidet man auch selbst.

45:46 (81) L: Aha. Eine Dame Elisabeth! Wie hast du's gemalt?

45:49 (82) Elisabeth: Ja, ich hab's so gemalt, dass er mich so halt versteht, dass Gott sozusagen ein Vater von uns allen ist [L: Mhm.] Ja und dass er uns in Notsituationen helft und so, also der Vater auch von den Tieren ist, und so von allen Lebenden.

46:07 (83) L: Also, wie hast du's gemalt? Damit man des/

46:09 (84) Elisabeth: Ja, ich hab' einfach den ähm also damit man auch merkt, der ist ja nicht so wie en Mensch wie uns also hier dass er da steht da irgendwo, sondern ich hab' einfach ähm da den Gott halt gemalt, und dann anschließend mit blau drüber, dass es so en bissel durchsichtig ist.

46:26 (85) L: Und was bedeutet des Blaue dann?

46:29 (86) Elisabeth: Ja, also, dass er durchsichtiger ist, dass wir ihn nicht sehen können, aber dass er also trotzdem dann sozusagen unser Vater ist.

46:37 (87) L: Ist das jetzt fast das Gleiche wie der Hendrik gesagt hat, dass so en bisschen im so im Hintergrund oder so ist Gott dann schon da mit dem Blau. Vornedran sind die Menschen. Oder is' des wieder was anderes?

46:50 (88) Elisabeth: Ich würd' sagen, des was der Hendrik gemeint hat, ist schon was anderes. [L: Mhm.] Weil also naja, ich mein' die Menschen tun ja auch schon Sachen, also die, wo Gott nicht gesagt hat. Ja, tu' des jetzt und ich steuer' dich so ja [L: Mhm.] sondern die machen ja auch mal was, was dem Gott halt zum Beispiel jetzt nicht so gefällt, oder so. Aber trotzdem denk' ich, ist Gott immer und überall. So irgendwie unter uns.

47:19 (89) L: Mhm. Gott ist immer und überall. Patrick.

47:22 (90) Patrick: Also ich hab' jetzt gemalt, dass der Gott ähm also, dass unten en Mensch ist, der halt auch nicht gut ist, also der schlechte Sachen gemacht hat und der Gott steuert den trotzdem, also der Gott steuert manchmal einen, manchmal einen schlecht, ja.

47:38 (91) L: Stimmt. Des is doch intre/stimmt des, dass Gott ( ) wenn Gott die Menschen steuert, s'is eigentlich logisch, dann muss er sie eigentlich auch manchmal schlecht steuern. Kann so was sein? Meinung! S'is auch interessant, ne? Ja.

47:55 (92) Anna: Ja, wenn, dass er auch mal en Fehler macht.

47:58 (93) L: Ach, Gott macht auch mal en Fehler? Würdest/ja/oder man macht was extra, macht er's aus Versehen oder macht er's extra? Was würdest du sagen?

48:07 (94) S: Ja, ich denk' auch, aus Versehen, er kann ja auch nicht immer in die Zukunft blicken.

48:14 (95) L: Aha. S'strecken (melden sich) jetzt so viele/ Julia was glaubst du?

48:17 (96) Julia: Also, ich denk', dass ähm ähm ja also/* (Jetzt is' es weg.)

48:29 (97) L: Also, ma/macht Gott das extra, manchmal, dass er jemand böse steuert? Oder wie is' es, wie kann man's verstehen. Ja, Tillmann.

48:37 (98) Tillmann: Ja, also ich glaub' schon, dass er das er das manchmal extra macht, damit wir uns selbst aus dieser Situation rausbringen, vielleicht. Dass wir auch s/dass wir uns nicht immer auf ihn verlassen sollen und so.

48:47 (99) L: So eine Art Erziehung.

48:49 (100) S: Ja, genau.

48:50 (101) L: Also, wenn mal was schief geht, ist es auch vielleicht einfach Erziehung.

48:52 (102) Tillmann: Ja, also ich hab' hier gemalt, dann Gott auch auf 'ner Wolke und das eben das er da eben da Briefe liest, also die Gebete, die wir zu ihm gesprochen haben und so.[L: Mhm.] Und, dass er uns auch steuert, aber eben auch manchmal schlecht, dass wir uns selbst/also selbst aus was rausbringen müssen und so. Uns nicht immer auf ihn verlassen müssen. Und so.

49:12 (103) L: Aha. Pass mal auf. Ja, jetzt/jetzt nachdem ähm ich zeig' euch mal 'ne andere System. Der Luther hat ja gesagt, Menschen werden immer, immer gesteuert. Es gibt den Erasmus von Rotterdam, ((L schreibt *Erasmus* an die Tafel.)) der zur gleichen Zeit gelebt hat, aber was anderes gesagt hat. Der hat gesagt: Nee, nee, nee, also Menschen sind keine Reittiere, Menschen sind auch keine Pferde, äh Menschen können durchaus schon selber entscheiden. Jawohl. Und zwar, hat er das folgendermaßen gezeigt und auch erzählt, dass es mit Menschen so ist, wie mit einem Kleinkind, ((L packt Babypuppe aus)) und zwar, das muss jetzt schon fast ein Jahr sein, denn es kann zwar schon en bisschen laufen, aber noch nicht so richtig. Und zwar, der sagt: Beim Menschen ist es eigentlich immer, wenn sie wirklich erst mal alleine gelassen sind, dann fallen sie hin. ((L legt Babypuppe auf den Boden)) Klappt nichts mehr. Und dann kommt, also, ich spiel' jetzt im Moment mal da Gott, dann kommt Gott. Jetzt mal

Freier oder unfreier Wille?

'ne Frage, was könnte der machen, was könnte jetzt Gott einfach machen. Vorschläge! Nikolas!

50:14 (104) Nikolas: Des äh, oft wieder so aufrecht hinstellen und dann dass es dann so helfen, wie wenn Mutter des macht oder so, die Hände so festhalten, und dann so en bissle mitlaufen, dass des auch so macht, (des is der Anfang) dann geht der wieder weg, und des kann dann wieder weiterlaufen.

50:27 (105) L: Ah. Unterstützen. Okay. Hat jemand noch 'ne andere, 'ne ganz/eine ganz/eine andere Idee? Der will nicht mehr, is' was schiefgelaufen, keine Lust mehr. Keine Lust mehr sich zu bewegen, ach nee, Larissa!

50:37 (106) Larissa: Also mit dem reden halt und streicheln vielleicht, und dann halt auch helfen.

50:42 (107) L: Ah so. Also wenn wenn's/jetzt nur en ganz Kleines wär', und es fängt an zu reden und man versteht's vielleicht gar nicht so richtig. Der Erasmus hat gesagt, der Gott macht des immer so. Eigentlich könnt' er's ja natürlich aufheben so ((L nimmt Babypuppe auf den Arm)) und helfen und tragen. Macht der aber nicht. ((L legt Babypuppe wieder auf den Boden)) Der macht was anderes. Es liegt frustriert da, schiefgelaufen, der nimmt en Apfel, en ganz tollen und legt ihn hier hin. ((L legt in einiger Entfernung zur Babypuppe einen Apfel auf den Boden)) So, und dann wer kann schon mal en bisschen weitererzählen? Was könnte jetzt passieren?

Also Gott hat auf jeden Fall schon mal etwas gemacht. Nächster Vorschlag. Ja!

51:20 (108) Britta: Vielleicht riecht das Baby irgendwie den Apfel und geht dann dem Geruch nach. [L: Geht's dann dem/?] Geruch nach ( )

50:30 (109) L: Okay. Wie geht en Baby dem Geruch/also, wenn en Apfel da ist und das Baby liegt da wie geht es [S: Krabbelt.] Krabbelt, fängt an zu krabbeln, gut. Des müssen wir jetzt mal spielen. Also es könnte so sein, dass Erasmus sagt: Also (Baby/richtet sich/)sieht den und richtet sich auf und krabbelt dahin. (L führt Babypuppe zum Apfel)) Was würde das dann heißen? Wie viel äh/wie viel ähm macht en Mensch dann alleine, und wie viel macht Gott? Wie/macht Gott sehr viel oder schaffen die Menschen/entscheiden die Menschen sich meistens alleine und schaffen (meistens alles alleine). Wenn des jetzt so wär', was wär's dann. Lars.

52:04 (110) Lars: Vielleicht nur so 'ne kleine Starthilfe.

52:06 (111) L: (Von wo?) Elisabeth würdest du's auch so sagen? Oder.

52:09 (112) Elisabeth: Ja, doch so ähnlich. Also, dass er den sozusagen en Tipp gibt oder so und dass es dann klappt.

52:17 (113) L: Ja, genau. Erasmus sagt: Nee, nee, so ist es auch nicht. Des/ so/ so gut sind die Menschen so gut und so intelligent und sagen wir mal so schaffen's die Menschen eigentlich nicht, sondern, fangen wir wieder an. ((L setzt Babypuppe wieder an Ausgangspunkt.)) Er sagt, er findet beim Menschen is' es immer so. (Is' platt), is alles schief gegangen und Gott hat hier den Apfel hingelegt und der duftet und ah schön und das Baby guckt natürlich zuerst rüber. So und dann will sich's aufrichten. Ah will (nämlich eigentlich laufen), und es klappt nicht richtig. Da kommt Gott und hilft ihm so en bisschen, so erstmal stehen. ((L gibt Babypuppe *Laufhilfe*)) Gut. Baby versucht's und guckt den Apfel an, und dann klappt's na, geh' schonmal Ah. Versucht's en bisschen ((Lachen der Schüler/-innen)) klappt wieder nicht richtig und da kommt Gott und sagt: So alles gut, probieren wir des mal. ((L läuft mit Babypuppe, Schüler/-innen lachen)) S'kann sein, dass es ein bisschen fast schon vergessen hat, dann will's da rumlaufen und dann sagt er ((L flüstert)) Guck' mal. Da, guck' doch mal den Apfel. Da läuft's wieder hin ((Lachen)) so und dann ist es gepackt. Der Erasmus glaubt, genau so/genau so ist es/ er macht's/macht es Gott mit den Menschen, und genauso funktioniert's. Und jetzt ähm jetzt ist nämlich die Frage, was sagt denn der Erasmus. Macht's der Mensch/entscheidet sich der Mensch alleine ents/ macht Gott alles so wie bei diesem Reittier oder/oder wie ist es, was macht jetzt Gott, was macht der Mensch? Wer? Larissa?

53:48 (114) Larissa: Also ich wollt noch was zu dieser Starthilfe sagen, also ich denk', ähm, wenn/dass der den Apfel dahinlegt, um halt sagen: Komm, des macht doch Spaß zu laufen, da kriegste auch immer was, da kannste dir ja Ziele machen und so. Wenn du dir was vornimmst, kannst du da immer hingehen und dir des holen und dann bist du auch wieder glücklich dann kannst er den anderen glücklich machen, also ich denk'/

54:09 (115) L: Apfel als gute Idee, so/so gute Ideen, was man alles machen kann. Ja, ähm, macht jetzt der Mensch was oder macht Gott was oder wie würden wird'n des/wie kann man das jetzt so auseinandernehmen. Nikolas!

54:20 (116) Nikolas: Ja, dass der erstmal den Apfel hingelegt hat und dann find' der, des ist dann auch wie 'ne Starthilfe, aber nicht des, wie der Martin Luther des sagt, dass der Gott äh des sagt, hopp, da ist en Apfel, hol' ihn dir oder so was äh da ähm ich finde, das müsste, wie der Erasmus es macht, dass der sagt, äh, dass der da ähm en Apfel hinlegt und dann guckt des Baby ja des schon an und versucht es ja schon, aber es schafft net/es schafft es nicht, und dann kommt erst Gott an, also nur mal und hilft es dem noch mal.

54:47 (117) L: Ja, wann macht denn des Baby was alleine und wann macht's Gott?

54:50 (118) Nikolas: Ja, es guckt zuerst den Apfel an und dann versucht es halt hinzulaufen und schafft's aber nicht.

54:54 (119) L: Also eigentlich macht das Baby ja schon was (eigentlich s'guckt, wenn's aufsteht) und was macht's noch? [Nikolas: Umkippen.] Umkippen. Und was macht's noch?

55:02 (120) S: Ha ja, es geht ja mit den Füßen, oder.

55:04 (121) L: Natürlich probiert's, so gut es es packt. Ja, gut. Gott/Gott macht also mal Gott was draus, und der Mensch macht was, so findet des jetzt

Freier oder unfreier Wille? 65

Erasmus. Wenn ihr euch jetzt überlegt wenn jetzt ganz normal in eurem eigenen Leben überlegt/überlegt. Habt ihr den Eindruck, dass des stimmt? Die Elisabeth hat vorhin gesagt, sie denkt erst mal, da gibt's 'ne ganz große Box, in der entscheidet man allein. Was würde jetzt der Erasmus sei/sagen, gibt's bei/gibt's bei Erasmus 'ne Box, wo der Mensch ganz alleine entscheidet oder nicht? Sara!

55:42 (122) Sara: Ja, ich glaub' eher nicht, weil ähm der Apfel war ja schon mal da, und dann/da hat er ja schon mal geholfen und ich glaub' eher, der/der will damit sagen, dass Gott uns eigentlich immer leitet und net/und net, dass wir alles alleine machen, oder so.

55:58 (123) L: Sagt das ähm also gut/ des sagt der Luther eigentlich auch. Gell. Gott leitet uns immer. Also jedenfalls, wenn der (S: Ja, aber der)) wo ist der Unterschied?

56:06 (124) Sara: Ja, bei dem gibt's jetzt sozusagen Erasmus gibt sozusagen keine Box, wo das Pferd da ist und zum Beispiel noch auf den Reiter wartet oder so, sondern, da is, da wär' bei/ wenn der Erasmus (des so sagen würde,) wär' der Reiter praktisch immer da.

56:24 (125) L: Ja. Is der/is der. Ja. Tillmann!

56:27 (126) Tillmann: Also vielleicht steht das Pferd doch im/in der Box, aber eben kümmrt sich der Reiter um das Pferd. Macht's/also Hufeisen sauber oder bürstet so.

56:37 (127) L: Mhm. Also Gott kümmert sich immer en bisschen. Jetzt hat jeder eine Chance und zwar, jeder von euch hat ein Bild gemalt ((Schüler/-innen stimmen zu)) So ist Gott mit den Menschen und jetzt könnt ihr mal/ äh könnt ihr mal überlegen, wie wäre des, wenn ihr euer Bild sozusagen zeigt. Also zuerst mal ist hier ein Mensch, der ist erledigt. (L legt Babypuppe wieder auf den Boden) Der ist/hat keine Lust, der Apfel liegt immer noch da. Was glaubt ihr jetzt eigentlich, was macht en Mensch wie entsch/entscheidet der sich, wenn er sich ganz/ganz alleine entscheiden würde, was wäre dann, wenn Gott mithilft, wie hilft er mit oder wenn Gott alles alleine macht, wie wär's? Jetzt darf jeder erst mal überlegen, gut, wie glaub' ich das eigentlich. Macht der Mensch alles allein oder nur manchmal oder nur en bisschen oder gemischt oder ähm eben total alleine? Und dann ihr dürft/ihr könnt euch überlegen wie macht ihr des könnt anfangen und mal zeigen, was ihr glaubt, wie das eigentlich ist mit Gott und den Menschen. Wer fängt mal an? Geht in die Mitte, und zeigt des mal also /wie könnt/ wir haben Apfel, (das kann/kann der) Gott hinlegen, des kann 'ne Idee sein, wir haben irgendwie noch so was und wir haben das Baby. Wer macht mal? Wer hat 'ne Idee dazu? (Wer kommt mal) Erklärt des mal, die erste. Okay, dann/komm mal vor und/und mach' das einfach mal.

58:03 (128) Larissa: Also, ähm das Baby, das sieht da hinten den Apfel schon mal (Larissa legt Apfel auf den Boden) und des is dann am/des sieht den halt da und will halt dann zu dem hingehen (Larissa geht mit Babypuppe in Richtung Apfel) und irgendwann denkt's: Oh des is' aber zu weit weg und so und dann denkt's: Oh Gott, jetzt will ich nimmer und dann legt's sich hin (Larissa legt Babypuppe auf den Boden) und irgendwann ähm kommt dann Gott und hilft ihm dann weiter vorzugehen zum Apfel. (Larissa geht mit Babypuppe zum Apfel) Und dann hat sie den Apfel und dann isst sie ihn auch selbst.

58:31 (129) L: Aha. Okay. Also des ist ganz schön selb/also des is selbständiger als der Erasmus. Oder [S: Ja.] bei Erasmus. Kann das Kind selber aufstehen und/und isst auch selber. Okay. Selbständiger. Die nächste Idee. Hendrik, wie glaubst du's? Mach ma's wieder weg.

58:49 (130) Hendrik: Also ich hätt' jetzt gedacht, dass der Gott dann, also der legt auch en Apfel hin und das Kind will da ((Lautes Lachen der Mitschüler/-innen, weil Patrick den Apfel kickt)) will da halt auch hin und des schafft's halt nicht und dann steuert der Gott (mit so Fäden) [L: Ah. ( )] dass der Gott des dann irgendwie so steuert. (Lachen der Mitschülerinnen). (Und es läuft dann halt selbst hin) [L: Und dann?] Und dann isst's den Apfel. [L: Selbständig, oder auch mit als Marionette?] Selbständig.

59:16 (131) L: Ähm. Würdeste jetzt sagen, bei dir is es/is es Baby weniger selbständig oder gleich selbständig wie bei der Larissa.

59:22 (132) Hendrik: Joa, eigentlich auch gleich.

59:25 (133) L: Ja, gleich? Meinen die anderen das auch? Larissa würdest du jetzt sagen, das ist ganz ähnlich selbständig?

59:31 (134) Larissa: Also en bissl hilft dann Gott schon mehr mit wegen den Fäden denk' ich schon, weil's macht's ja dann auch selbst.

59:37 (135) L: Ja. Gut, der Mensch als Marionette. Ja, jetzt haben wir ein weibliches Wesen, ein männliches Wesen, wer macht jetzt noch? Gut, Kevin. Zeig mal, wie glaubst du des?

59:51 (136) Kevin: Also (der kommt von oben, so mit Steuerknüppel) Steh/steh'ma'auf (Kevin imitiert kurzes Wimmern, Mitschüler/-innen lachen.)) Und dann sagt's: Will aber zum Apfel ((Kevin richtet Babypuppe auf und führt sie) Dann sagt der Gott: Okay, dann geh' mer dahin. Geht's, denkt's: Ich will aber den Apfel doch net. Kehrt's wieder um.

Legt's sich wieder hin. Sagt der: Du wolltest doch en Apfel. Dann geht's wieder hoch und sagt: Okay, jetzt geh' ich. Und dann geht's hier (Kevin führt Babypuppe zum Apfel) und isst.

00:32 (137) L: Toll., danke. ((Mitschüler/-innen klatschen))

00:36 (138) L: Jetzt bin ich mal gespannt, jetzt probieren wir des mal zu interpretieren, bevor du sagst, wie du das gemeint hast. Warum sagt der K/warum hat das Baby zuerst gesagt: Ja, ich will den Apfel. Und dann will es wieder nicht. Wie würdet ihr das verstehen? Was hat der Kevin damit gemeint? Lars!

00:52 (139) Lars: Vielleicht war's dem Baby zu anstrengend. Weil's hat ja auch gesagt, der Weg also wär' en bissl weit oder so.

Freier oder unfreier Wille?

00:57 (140) L: Wie würd' man des übertragen so im Normalen bei den Menschen.

01:02 (141) Lars: Keine Lust mehr. ((Lachen der Mitschüler/-innen))

01:05 (142) L: Also, man verliert also die Lust.

01:06 (143) Lars: Ja, man will hin, aber dann hat man keine Lust mehr.

01:09 (144) L: Ah ja, okay. Nächster Vorschlag. Was würdest du sagen?

01:11 (145) Anna: Gott fordert ihn wieder auf hinzugehen. Ähm, also sagt: Komm, mach's noch mal, das schaffst du schon. Also so was wie 'ne Prüfung. Also, wenn man irgendwie 'ne Prüfung abschließt. Oh, ich schaff' des nicht, ich mach' des doch lieber/doch lieb/doch lieber nicht und ja, daß er dann wieder sagt: Komm mach's dann hast' es hinter dir.

01:32 (146) L: Ach so kommen die da gerannt, also ich hab 'keine Lust oder der nächste Gedanke: Ich schaff's nicht. Ja, und dann ist wieder Gott und der sagt: Komm, hopp, hopp. Gut, wer würd' noch was sagen?

Ja, Tillmann!

01:44 (147) Tillmann: Also, ich glaub', dass Gott äh also man hat/man geht los, aber dann ähm is' man/denkt man: Ach das ist der Weg nicht wert. Und so und dann kommt Gott und macht einen wieder stark.

01:55 (148) L: Mhm. Heißt das jetzt eigentlich, daß der Mensch/also bis jetzt hat ja jeder gesagt, der Mensch braucht ähm/is' nicht so ganz selbständig. Der will mal was und, dann kippt der Wille wieder um, also ist der Wille nicht so richtig frei.* Er will mal und dann gibt er's auf, dann kommt, er hat keine Lust, dann er schafft's nicht. Ja, jetzt haben wir des wieder, die Frage, ähm, glaubt das jetzt jeder, dass der Mensch eigentlich haa mal was eigentlich entscheiden wollt, mal auch was frei entscheidet, aber das dann doch nicht so richtig kann oder gibt's da jemand der sagt: Nö, nö (des is doch irgendwie anders). Larissa!

02:31 (150) Larissa: Ich wollt' des noch sagen, also, ähm ich denk' halt, das Baby, das sieht halt dann den Apfel und denkt: Oah, des würd' ich jetzt auch gern haben, weil ich hab' Hunger und so. Und dann/dann geht's halt schon mal und wandert halt da mal en halben Weg dahin oder en Stückchen, und dann denkt's: Oah, mir tun die Beine weh. Ich hab' keine Lust mehr, diesen kack Apfel, der kann da auch liegen bleiben. Wart' ich halt, bis meine Mama kommt. Oder so, ja. Und dann/dann/dann bleibt der da, und dann kommt halt Gott und sagt: Komm, deine Mama kommt erst später, oder so, geh' doch da jetzt hin, du hast doch schon bald den ganzen Weg, oder so. Und hilft ihm halt.

03:06 (151) L: Guck' emol, wie Kevin/wie hast du das gemeint? Haben/haben die dich richtig so interpretiert?

03:11 (152) Kevin: Ja, also ich hab'/weiß eigentlich gar nicht net irgendwie so, wie's ich gemeint hab', weil, der Gott hat's einfach gesteuert und hat's Kind halt gedacht: Ach, der ist ja eigentlich gar nicht so rot und ist wieder umgekehrt. [L: Aha.] Und dann hat's halt gedacht: Oh, jetzt hätt' ich ihn doch lieber, deshalb wär' ich halt gleich hin, dann ist es halt doch hin.

03:31 (153) L: Aha. Da gibt's so en Wort, da heißt es: Gott/äh, der Mensch denkt, aber Gott lenkt. [S: Ja, kenn' ich.]. Würdet ihr sagen, des stimmt immer. So als/als letzten Abschluss. Wie frei/Ja, Ma/äh Julia.

03:51 (154) Julia: Nicht immer, aber immer öfter. (Lachen der Mitschüler/-innen).

03:55 (155) L: Gott denkt aber, nee, der/der Mensch denkt, aber Gott lenkt, immer öfter, also Gott muß immer mehr.

03:59 (156) Julia: Ja, aber nicht immer, aber manchmal schon.

04:02 (157) L: Ah ja.

04:03 (158) S: Ich denk', das ist abwechselnd, manchmal denkt der Gott oder der Mensch, des is halt abwechselnd.

04:09 (159) L: Wenn jetzt noch jemand käme. Nicht der Luther, nicht der Erasmus sagt: Nö, der Mensch ist überhaupt gar kein Baby, der Mensch ist ja erwachsen und der Mensch geht rum, überlegt sich was holt/isst sie/isst dann einfach den Apfel. Findet ihr das besser? Stimmt das eher? Oder was würdet ihr denn ihm sagen? ( ). Tillmann.

04:39 (160) Tillmann: Wenn man zum Beispiel jetzt in der Stadt ist und sieht, also so vielleicht en Stück weiter entfernt zehn Pfennig liegen, dann geht man ja auch nicht hin, weil man denkt, des/der loh/ der Weg lohnt sich nicht, oder so. ( ) [Kevin: Aber ich würd' da hingehen. ( )]

05:26 (161) L: Mhm. Okay. Larissa.

05.27 (162) Larissa: Ja, also Menschen sind schon faul, aber ich denk' manche die arm sind, die gehen auch wegen 'nem Ein-Pfennig-Stück dahin, also ich denk' des is' halt die Reichen denen ist des ja schnuppe, ob da jetzt en Zehn-Mark-Schein liegt, weil die sind halt dann Millionär und haben halt genug Zehn-Mark-Scheine zu Hause und die denken: Oh komm', ich geh' lieber wieder in mei/meine Limousine und lass mich da durch die Stadt fahren als wenn ich da jetzt austeig' und da den/den Zehn-Mark-Schein hol'.

05:53 (163) L: Also hier, eigentlich von der von dem/äh von der Uhr aus hat die Schulglocke schon geklingelt. Will jetzt jemand nochmal kurz was sagen, was er selber denkt, also/nochmal erklären wie ma/was macht Gott, was macht der Mensch oder gibt's auch en Teufel, der da mitmacht? Ja.

06:06 (164) Tillmann: Deswegen glaub' ich, arme Leute [L: Mhm.] also die haben viel mehr irgendwie von Leben überhaupt. [L: Warum?] Weil/weil sie bemühen sich den Weg zu gehen oder des/und so. [L: Aha.] Sie machen des und die Reichen, die denken dann erst gar nicht erst dadrüber nach und so und dann ja und haben als halb/haben halt genug und die Armen, die dann die hol/die holen sich dann die zehn Mark und dann sind sie froh, daß sie zehn Mark haben und so was.

Freier oder unfreier Wille?

06:34 (165) L: Is' des dann Gott, wenn die Armen arm sind? Die Armut hilft denen ja natürlich dann zu bemühen, (würdest du dann schon sagen) sogar Gott ist so ( ) Armut, des wär' ja schon fast so, wie wenn Gott schon irgendwas Böses also was nicht Schönes hat und würdest du sagen, is' des übertrieben?

06:52 (166) Tillmann: Na ja, ich glaub' schon, also, dass also dass Gott schon also für die Armen eher ist, also.

07:00 (167) L: Mhm. Ja, okay, letzter Abschlusssatz: Nikolas.

07:03 (168) Nikolas: Also, wenn man das überlegt, also zum Beispiel ein Steinzeitmensch, ich weiß nicht, ob's da auch schon Äpfel gab und wenn /der würd' dann da kriegen die ja nicht so oft was zu essen, die müssen zur jagen gehen wenn die da en Apfel sehen, die würden sich den da auch holen, aber in heutiger Zeit die würden, da würden ( ) anstatt zum Apfel oder so was. (Also auch, dass die durch die Zeit der Entwicklung) auch en bissle faul geworden sind. Das die/das die immer was zum essen haben und nichts dafür machen müssen.

((L schließt die Stunde ab.))

5. Kommentar zu meinem Unterricht über den freien bzw. unfreien Willen

Dorothea von Choltitz

Dass Nachdenken und Fragen von Kindern und Jugendlichen im Religionsunterricht mit grundlegenden Denkfiguren aus Dogmatik und Philosophie korrelieren, wurde mir in meinem Schulunterricht am Gymnasium recht bald deutlich.

Es gab Unterrichtsstunden, nach deren Nachbereitung ich nicht nur der lebensgeschichtlichen Bedeutung der Aussagen meiner Schüler noch einmal nachspürte, sondern staunend den Rahmen grundlegender alter oder neuerer dogmatischer Denkfiguren in Schülerpositionen wiederentdeckte, als ich sie überprüfend noch einmal nachlas, Positionen, die ich selbst leider nicht sämtlich im Unterricht registriert hatte und sonst eventuell als die jeweiligen Schüleraussagen stützende Gesprächspartnerin miteingebracht hätte.

Mit der Zeit wurde es mir selbstverständlicher, auch einmal für die „Kleinen", Schülerinnen und Schüler der fünften gymnasialen Klassenstufe, in Nach- oder Vorbereitung des Unterrichtes u.a. ein wenig dogmengeschichtlich zu arbeiten.

Insofern ist für mich die Bitte, eine Unterrichtsstunde zum Thema freier/unfreier Wille des Menschen vorzubereiten, kein absolutes Neuland. Auch die Schüler haben gemeinsam schon fast ein Schuljahr hinter sich, in dem sie u.a. auch Regeln der Rede, des Aufeinander Hörens und auch Miteinander Sprechens mit mir im Religionsunterricht eingeübt haben.

Der Bezug zum Lehrplan

Im Verlauf der Lehrplaneinheit „Wir sind geschaffen mit Leib und Seele" stelle ich den sieben Schülerinnen und fünf Schülern einer meiner fünften Klassen in der Vorstunde der dokumentierten Unterrichtsstunde die Frage: Wie gehören Gott und die Menschen zusammen?

Der Versuch der Wahrnehmung des entwicklungspsychologischen Standes der Schüler

Genauer in den Blick bekommen möchte ich mit der oben formulierten Fragestellung die aktuellen Vorstellungen meiner Schüler/-innen zum Verhältnis Gott/Mensch und ihren Fragehorizont zum Thema freier/unfreier Wille. Sie erhalten die Aufgabe, die Beziehung zwischen Gott und den Menschen zu malen: Zweifach dürfen sie diese „ins Bild setzen", wenn sie diese Beziehung für ein kleineres Kind anders verdeutlichen wollen als für einen Jugendlichen ihres Alters oder für einen Erwachsenen.

Das Unterrichtsergebnis: Nur ein Mädchen malt eine einzige Zeichnung. Alle anderen Schülerinnen und Schüler machen sich die Mühe, zwei verschiedene Bilder zu entwerfen!

Die für die kleineren Kinder als angemessen qualifizierte Vorstellung zeigt fast durchgängig einen Gott, der als Marionettenspieler/Joystickspieler über den Wolken die Menschen direkt lenkt.

Keines der Bilder, das die aktuelle Vorstellung der Schüler aufzeigt, bleibt jedoch bei diesem Modell stehen. Die neue Lösung zeigt durchgängig eine Art „Trennung" zwischen dem Gott und den Menschen auf: Mit der Schere durchgeschnitten oder von Linien durchkreuzt verlieren die Fäden zwischen Gott und Mensch ihre Bedeutung. In mehr als zwei Dritteln der Fälle agieren die Figuren ohne diese Fäden in Alltagssituationen positiv oder zeigen fröhliche Gesichter. Allerdings – Gott hält weiterhin Kontakt zu den Menschen: Er schaut von den Wolken herunter oder schickt Herzchen von oben oder Licht-, (Segens-?) Strahlen oder seine Arme umarmen von oben die gesamte menschliche Szene. In drei Fällen kommt ein Teufel ins Spiel: Einmal schneidet dieser die Fäden durch, einmal wird die Hölle, die auf dem ersten Bild noch nicht zu sehen war, sichtbar mit der Möglichkeit, nun hineinzufallen. Einmal wird das Problem eines Unfalles auf der Erde mit ins Bild, jedoch nicht mit Gott, in Verbindung gebracht. Ein einziges Mal ist Gott über den Wolken gestrichen: Es gibt ihn jetzt nicht mehr, gleichzeitig legt der Mensch auf der Erde mit dem Bogen auf ihn an.

Analyse der Vorstellungen der Schüler zum Thema freier/unfreier Wille

Auf dem zweiten Bild halten die Schüler eine von ihnen selbst als „Erkenntnisfortschritt" wahrgenommene Veränderung ihrer Vorstellung zur Beziehung Gott/Mensch fest: Die Entdeckung ist ein bestimmter Raum von Autonomie. Diese Autonomie wird in der Beziehung zwischen Gott und Mensch als die Loslösung von einem direkt handlungsbestimmenden Gott begriffen. In dieser Klasse scheint diese Loslösung vorwiegend nicht angstbesetzt zu sein und stellt die liebende Zuwendung eines Gottes vorwiegend nicht infrage, sondern behauptet diese in einer anderen Form weiterhin.

Theologische Vorreflexion: Die Verortung von „Frage" und „Antwort" in dem theologischen Gespräch und der sich daraus ergebende Umgang mit den Bildern von M. Luther und E. v. Rotterdam

Die gesamte Klasse hat mit der Entdeckung eines neuen Raumes von Autonomie „leistungsstark" eine neue Erfahrung für sich bildhaft verdeutlicht, die zu ihrer Altersstufe „passt" und entwicklungspsychologisch beschreibbar ist. Mehr als drei

Viertel der Schüler qualifizieren diesen Raum als von einem Göttlichen positiv „abgesegnet". Wie ist diese religiöse Aussage einzuschätzen?

Mir erscheint Paul Tillich als Theologe, der „Grundstrukturen" eines existentiellen Dialoges nachgeht, als geeigneter Partner zum Überdenken eines Gesprächsgeschehens innerhalb des Rahmens von Schule, u.a. auch deshalb, weil er die Themen Autorität und Verständnis von Offenbarung, die meinem Eindruck nach bei einem religiös orientierten Gespräch im Rahmen von Schule relevant sind, explizit reflektiert.

Behaupten die Schüler in ihren Vorstellungen, dass ihre gerade erfahrene Erweiterung ihrer Autonomie ein von einem Gott in der ganzen Konkretheit des Erfahrenen umfassend bejahtes Geschehen ist? Dann wäre dies als eine falsche „Theologie" zu verstehen, von Tillich als „humanistisch" benannt.[91] Die Schüler leiten aus dem natürlichen Zustand einer an sich selbst wahrgenommenen erweiterten Autonomie, christliche Botschaft ab und begreifen damit jede Form von Autonomie als göttlich bejaht. Sie würden im Grunde so nicht wahrnehmen können, dass es einen Bruch zwischen der essenziellen und der existenziellen Natur des Menschen in ihrer Selbstentfremdung und ihrem Selbstwiderspruch gibt.[92] Verstehe ich die Zeichnungen der Schüler als Ausdruck „humanistischen Theologisierens" im Sinne Tillichs, wäre es sinnvoll, den Schülern gerade die bildhafte Darstellung der Beziehung Gottes zu den Menschen von Martin Luther als „Gegenbild", als „Antwort der Offenbarung" auf ihre „Frage" zum Verstehen ihrer Autonomie entgegenzustellen. Im Bild des „passiven Pferdes und seinen zwei Reitern" läge dann die „Antwort", in der den Kindern deutlich werden soll, dass ein in Bezug auf das Heil grundlegend unfrei gedachter Wille die Gnade Gottes „recht" beschreibt.

Diese Einschätzung und der daraus folgende methodische Einsatz der Darstellung zum unfreien Willen von Martin Luther erscheint mir jedoch fraglich und stellt sich mir eher selbst als Methode „supranaturalistisch" arbeitender Theologie dar: Christliche Botschaft würde damit als Summe geoffenbarter Wahrheiten verstanden, die wie Fremdkörper in die aktuelle menschliche Situation hineinfallen[93]. Diese Wahrheiten müssten dann eine ganz neue Situation schaffen, d.h. die Schüler müssen aus ihrer Entwicklungsebene herausgerissen werden, um zu begreifen. Dieses Grundverständnis halte ich für falsch. In einer von solcher Methodik geprägten Gesprächsform könnte die bildhafte Darstellung von Martin Luther mit dem Bild der zwei Reiter in ihrer Qualifizierung als „rechte" Antwort durchaus problematische Unterrichtsergebnisse erzielen: Das Bild des gerittenen Pferdes könnte die Schüler zurückleiten zur gerade überwundenen Vorstellung eines Gottes, der den Menschen wie eine Marionette lenkt. Die im „alten Bild" als neutral oder positiv empfundene Verbindung des Marionettenkindes zu einem Gott, der es lenkt, geriete nun in Kollision mit der gerade mühevoll und sehnsüchtig entdeckten Möglichkeit einer bestimmten Form der Autonomie, die in diesem Rezipienzrahmen dann bestritten wird. Das mögliche Unterrichtsergebnis: „Gott/der Teufel bedroht/überwältigt meine Autonomie". Dies ist wirklich kein wünschbares Unterrichtsergebnis beim Theologisieren!

---

[91] Paul Tillich: Systematische Theologie. Bd. 1. Sturttgart 8.Aufl. 1984, 79.
[92] Vgl. a.a.O., 80.
[93] Vgl. ebd.

Die umfassende Geborgenheit, die Gewissheit, sich in der Hand des gnädigen Gottes zu befinden, ergibt sich für Martin Luther gerade aus der Betonung des unfreien Willens. Die unmögliche Möglichkeit, dass der Teufel im Streit gegen Gott gewinnt, wird von Luther nicht weiter verfolgt, indem er die rational-logische Schlussfolgerung einer doppelten Prädestination bewusst nicht setzt. In der Verbildlichung des unfreien Willens im Bild des Pferdes mit zwei möglichen Reitern fällt diese Gewissheit der Gnade jedoch in eine heilvolle und eine unheilvolle Alternative auseinander. Die Möglichkeit, dass „einen der Teufel reitet", hat dort durchaus ihr eigenes Gewicht. Die christliche Hoffnung, dass der Mensch in der Liebe des gnädigen Gottes über alle Mächte und Gewalten geborgen ist, übersteigt dieses Bild als Szene deutlich.

Mit der möglichen Verortung des Teufels an der Stelle dieses lenkenden Gottes (Parallelisierung von Gott und Teufel in der Darstellung von Martin Luther) könnte sogar eine Dynamik hin zu einer negativen Mythologisierung entstehen, in der nicht nur die eigene Autonomie infrage gestellt wird, sondern in der der gesamte Wirklichkeitsrahmen als bedrohlich und verderblich begriffen wird. Meine Befürchtung: Werden meine Schüler bei diesem Theologisieren überwältigt werden durch ein sie fesselndes bildhaftes Material?

Bei all diesen Vorüberlegungen hat mich als Lehrerin die bildhaft festgefrorene Denkfigur von der „Frage des Menschen" und der „Antwort der Offenbarung" verschlungen, wie sie in Gegenpositionen einander frontal gegenüberstehen. Die prozessuale Bezogenheit beider ist mir verloren gegangen. Damit gerate ich selbst in ein Feld, das den Konflikt zwischen einer autonomen und einer heteronomen Vernunft heraufbeschwört und auch seine Katastrophe sichtbar werden lässt.

Eigentlich zeigen mir meine Schüler mit ihrer Lösung der Beziehung zwischen Gott und Mensch einen anderen Weg auf: Mit der Erarbeitung zweier unterschiedlicher Gottesbilder nehmen die Schüler/-innen sich selbst wahr als Menschen, deren Vorstellungswelt von der Beziehung zwischen Gott und Mensch sich innerhalb verschiedener Lebensalter verändert. Die Schüler bejahen ihre 'alte' Vorstellungswelt insofern, als dass sie diese kleineren Kindern als angemessen weitergeben wollen. Dennoch sind sie fähig, für sich selbst mit der neuen, anderen Bildgestaltung einen „Erkenntnisfortschritt" aufzuzeigen. Dabei haben alle Schüler außer einem die positive Beziehung zu einem liebenden Gott im zweiten Bild nicht aufgegeben. Die Schüler/-innen nehmen sich also selbst in ihrer eigenen existentiellen Entwicklung anscheinend wahr als Menschen, die im Prozess der Veränderung der Vorstellungen von der Beziehung zwischen Gott und Mensch in neuer Form immer wieder von der „Tiefe der Vernunft" erreicht werden – lebensmutige Aussagen, die von hohem Vertrauen einem Gott gegenüber zeugen.

Resultat der Reflexionsgangs

Ich möchte meine Schüler ebenso wie Martin Luther und Erasmus als Fragende und Hörende verstehen, die in Form zu bringen versuchen, was sie von der Tiefe der Vernunft begreifen und ergreifen können. In diesem Prozess müssen sich die Formen aller Gesprächsbeiträge befragen lassen.

Das aufgrund dieser Reflexionen ungewöhnlich offen gehaltene Unterrichtsziel: Im Denkmodell der „Methode der Korrelation" werde ich es wagen, einen Denkprozess mit diesen Schülern zu beginnen, in der großen Hoffnung, dass sich im Gesprächsprozess Fragen und Antworten formen werden, die die Schüler heilvoll jeweils nach ihrem Entwicklungsstand in ihrer Klärung unterstützen.

Im Vorfeld halte ich es für möglich, dass dieses Unterrichtsgespräch selbst sich in einer Folgestunde befragen lassen soll durch die Erarbeitung von Aussagen biblischer Texte.

Didaktische-methodische Konkretion zur Form der Einführung der beiden Bilder und der Form der Gesprächsleitung

Die bildhafte Beschreibung des unfreien Willens des Menschen in Bezug auf das Heil als Pferd mit zwei möglichen Reitern nach Martin Luther präsentiere ich den Schülern in Analogie der Entstehung ihrer eigenen Gottesbilder. Ich male im Unterricht mit eben meiner Fähigkeit, ein Pferd zu gestalten, Luthers Vorstellung an die Tafel und stelle diesen Entwurf zur wahrnehmenden Diskussion.
In einem „setting" mit fast lebensgroßem Kleinkind und Apfel werden die Schüler/-innen mit dem Bild des sogenannten freien Willen von Erasmus bekannt gemacht und werden dann auch versuchen dürfen, ihr eigene Vorstellung der Gott/Mensch Beziehung zu übertragen und damit auch ihre eigene Kompetenz zu erleben.

Die Gesprächsführung: Sie soll die Schüler/-innen in ihrer Auseinandersetzung mit den Bildern unterstützen.

Gedanklich vorstrukturierte Gesprächsrichtung: Ich werde versuchen, im Prozess des Gespräches den möglichen Horizont einer punktuellen Identifikation einer Situation mit einer Herrschaftsübernahme des Teufels zu verlassen (dies gerade im Sinne von Martin Luther) und werde mit den Schülern zu entdecken versuchen, welche anderen heilvollen Formen der Existenz vor Gott in eigenen Bildern beschreibbar werden.

Der Unterrichtsverlauf im Rückblick

1. Zur Erarbeitung des Bildes vom Pferd mit den zwei Reitern von Martin Luther

Dass sich im Unterrichtsgespräch eine Öffnung des Bildes vom „passiven, gerittenen Pferd" ergibt – aus der Entwicklungsphase der Schüler/-innen heraus begründet durch den Druck einer möglichen Heteronomievorstellung – habe ich erwartet. An den Raum der Box allerdings habe ich zuvor nicht gedacht. Dass dieser Raum von der Schülerin Elisabeth als ein „Raum vor Gott" gedacht ist, ist mir im Gesprächsverlauf klar. (Sie war das Mädchen, das nur ein einziges Bild gemalt hat: Dieses Bild zeigte Gott selbst nicht, sondern nur Erde und Menschen. Ihre Begründung: Gott ist wie Luft, immer und überall da.). Ich habe im Gespräch auch weiterhin den Mut, für meine anderen Schüler aufgrund ihrer Gottesbilder zu erhoffen, dass die von ihnen entwickelte Autonomie als eine strukturell vor Gott geschehende gemeint ist. Mein Herzklopfen bezieht sich eher darauf, dass irgendein reales Negativgeschehen als ein von einem Teufel produziertes qualifiziert wird. Ich bin eher erleichtert, dass sich die Diskussion dahin entwickelt, dass Gott auch das Schlechte zugeschrieben und dann einige an der Liebe Gottes festhaltende Versuche von Erklärungen des Leidens entstehen.

Ich freue mich aufgrund des weiteren Gesprächsverlaufs: Die Schüler, die ein Interesse daran zeigen, die Liebe Gottes in ihrer Selbst- und Weltanschauung festzuhalten, kommen mit der Stimme von Tillmann zu der Beschreibung der 'Box' als dem Raum der Autonomie, in dem doch wieder Gott das Pferd pflegt. Dies erscheint mir eine große Leistung: In der Diskussion sind diese Schüler den Weg gegangen, gegen eine mythologische Bedrohung der Autonomie des Menschen die Pflege Gottes in den Raum dieser Autonomie hereinzuholen und so die Liebe Gottes im Erleben der Autonomie festzuhalten.

2. Zur Erarbeitung des Vater/Kind-Bildes von Erasmus

Das Bild des vom Vater geleiteten Kindes von Erasmus wird von der Schülerin Sarah in seiner eigenen Aussageabsicht richtig interpretiert: „Ich glaub eher, der/die will damit sagen, dass Gott uns eigentlich immer leitet und net/und net, dass wir alles alleine machen, oder so." Nach dieser Aussage, die ich im Nachhinein gerne noch deutlicher hervorgehoben hätte, erhalten die Schüler/-innen die Gelegenheit, ihre eigenen Vorstellungen in das Bild von Erasmus einzuarbeiten.

Dass die Kinder ihr Gottesbild, in dem sie eine positiv erlebte Autonomie mit einem liebenden Gott über den Wolken verbinden können, auf ein Eltern-Kind-Verhältnis übertragen und dabei „bedingte Sequenzialität"[94] formen, zeigt meines Erachtens weniger die Müdigkeit der Schüler als die Fähigkeit von Kindern, in bildlich dargestellte Vorstellungen eine unterstützende, tragende Liebe einzutragen, wie sie innerhalb dieser als real gedachten Situation wahrnehmbar und zu erhoffen ist.

Nachbesinnung

Die Folgestunde zeigt, dass diese Unterrichtsstunde des Theologisierens zum Verhältnis Mensch/Gott und dem unfreien/freien Willen die Schüler teilweise stark beschäftigt hat. Noch bevor es geklingelt hat und Tillmann seinen Ranzen im Religionszimmer überhaupt abgestellt hat, fragt er laut: „Aber, gell, Gott ist doch eigentlich lieb, oder?"

Mehrere Schülerinnen und Schüler unterbrechen ihre Bewegungen des Hinsetzens, stellen ihre Ranzen nur auf die Stühle, hören zu und fangen an zu diskutieren. Bisher beobachtete ich ein so intensives Klassengespräch vor dem Unterricht

---

[94] Siehe hierzu Gerhard Büttner/Jörg Thierfelder in diesem Band, 47.

nur nach gerade geschriebenen Klassenarbeiten. Die Schüler/-innen wollen offenkundig, dass ich bei diesem Thema mitrede.

Mein Eindruck ist, dass sie von mir als Person und Lehrerin die Versicherung brauchen, dass Gott gut ist. Ich bestätige ihnen, dass ich diese Liebe Gottes glaube und möchte nach dem Klingeln noch einmal auf den Ausflug in das Aufnahmestudio der Universität zurückkommen.

Dieses Thema ist augenscheinlich völlig unwichtig. Nein, von Schülerseite liegt die Frage klar auf dem Tisch: „Ist Gott lieb oder nicht und was, wenn nicht? Aber er ist es doch, nicht wahr?" Ich biete nach einem kurzen Gespräch an, uns an einen biblischen Text zu setzen, um Genaueres herauszubekommen. Dieser Erarbeitungszug erscheint den Schülern schlüssig.

Wie unterrichtlich vorgesehen, erzähle ich die Schöpfungsgeschichte von Genesis 2 und halte es dabei für möglich, dass die Wahrnehmung der Liebe des Schöpfers den Schülern genügt.

Dieser Focus ist heute jedoch nicht der ihre. Mehrere Schüler kennen die Erzählung vom Sündenfall und versuchen im offen gehaltenen Unterrichtsgespräch, diese genau zu rekonstruieren. Der Fragefokus: Ist Eva oder der Teufel/Schlange oder wer sonst schuld am Schlechten? Ist Gott schuld? Ist Gott vielleicht sogar etwas „fies"?

Es schließt sich eine Unterrichtsstunde an, in der grundlegende Fragen mit hoher Intensität durchdiskutiert werden. Wie kommt die Schlange ins Paradies? Warum macht Gott diese Bäume, von denen Menschen nicht essen dürfen? Warum sagt Gott, dass Adam und Eva sonst sterben werden und dann passiert es doch nicht? Ist es vielleicht ganz gut, dass das alles passiert ist, weil wir sonst heute nicht hier so auf unserer Erde leben würden? Oder wäre es doch besser in diesem „Paradies"?

Der von mir angebotene Focus, dass vor der Paradiesvertreibung die gegenseitigen Schuldzuweisungen von Adam und Eva stehen und dass diese vielleicht auch dazu beitragen, dass Adam und Eva nicht mehr mit Gott gemeinsam im paradiesischem Urzustand leben, stößt auf Zustimmung. Es ist den Schülern offenkundig lieber, dass Menschen etwas Falsches tun als dass dieser tragende Gott es tut. Ob sie bemerken, dass sich mit dieser Antwort auch der Fragehorizont verschiebt? Ich kann es nicht heraushören.

Die Wahrnehmung, dass Gott den Menschen nicht sterben lässt im Paradies, sondern ihnen für „draußen" Schurze macht, erscheint ihnen dann erstens lustig und zweitens ziemlich nett von Gott.

Die Zusammenfassung meinerseits, dass in dieser Erzählung Menschen immer wieder Fehler machen, Gott sie aber doch auch wieder unterstützt und für sie ist, erscheint für das Gros der Schüler/-innen nicht unbefriedigend.

Für mich ist nach dieser Folgestunde wieder deutlich, dass das Theologisieren mit Kindern in dieser Altersstufe für sie sehr interessant sein kann. Mit den Schülern auf eine Entdeckungsreise zu gehen, die den Mut erlebbar macht, zu denken, Fragen zu stellen, Spannungen in Logik und Erfahrung nicht nur auszuhalten, sondern vielleicht sogar eine spielerische Lust daran zu gewinnen, erscheint mir sinnvoll.

Es erscheint mir jedoch auch besonders wichtig, wahrzunehmen, dass dieses für Schüler/-innen in diesem Alter noch nicht so oft gebrauchte Instrument des eigenen Sprechens, Bedenkens und Fragens ganz schnell und direkt an ihr „Grundlebensgefühl" heranreicht, dass bildliche Vorstellungen oder ausgesprochene Gedanken, deren Bedeutungsgrenzen von Erwachsenen leichter wahrgenommen werden können, Schüler in diesem Alter doch stärker ergreift und nicht ganz so leicht loslässt. Die Sorgfalt in der Auswahl der Vorstellungen scheint besonders geboten.

Besonders wichtig wird auf diesem spannenden, auch Ungewisses mit aufnehmenden Weg der Diskussion, was der Lehrer und Leiter als Person selbst zu sagen hat. Dass es bei der Theologie methodisch in noch anderer Weise als in der Philosophie um die Person tragende Grundgewissheiten oder Ungewissheiten geht, ist eine gängige Definition.

Diese Besonderheit der Struktur des Theologisierens „in actu" wahrzunehmen, ist faszinierend!

6. Kinder brauchen Mythen

Hartmut Rupp

1. Kinder stellen Fragen – und erwarten Antworten

Kinder stellen grundlegende, metaphysische Fragen: Sie fragen nach der eigenen Identität, nach dem Geheimnis des Unendlichen, nach Problemen des Zusammenlebens, nach der Zukunft, nach Krankheit, Leiden, Sterben und Tod, nach dem Leben nach dem Tode, nach der Existenz Gottes.[95] Möglicherweise bilden solche Fragen die unausschöpfliche Basis jeder Religion und sind als eine Art „natürlicher Religion" zu verstehen.[96]

Die Frage ist, was diese Fragen bedeuten. Sind sie eine Aufforderung die richtige Lehre darzustellen,[97] sind sie Ausdruck des Noch – nicht – Wissens und der Anfang der Selbsterkenntnis[98] oder sind sie Ausdruck und Beginn einer eigenständigen religiösen Suche[99]?

Reinhart Jung, Kinderfunk Redakteur bei SWR 1, deutet Kinderfragen offenkundig als Bitte um eine kunstvolle mythologische Erzählung, die zu den Ursprüngen geht und durch Darstellung der Entstehung eines unerklärlichen Phänomens (Warum ist die Banane krumm? Warum brennt die Brennnessel?) eine Sinndeutung anbietet, die gegenwärtiges Wissen und typische Erfahrungen im Alltag aufnimmt aber vor allem dazu anleitet, eine bestimmte Sichtweise des eigenen Lebens und der Wirklichkeit, in der wir leben, zu entwickeln.[100]

Der Kinderphilosoph Gareth B. Matthews zeigt, dass es nicht zwingend ist, mythologische Erzählungen anzubieten. Er bietet Kindern literarische Erzählungen

---

[95] Rainer Oberthür: Kinder und die großen Fragen. Ein Praxisbuch für den Religionsunterricht. München 1995, 14-16.
[96] Jürgen Oelkers: Die Frage nach Gott. Über die natürliche Religion von Kindern, in: Vreni Merz (Hg.): Alter Gott für neue Kinder? Fribourg/Schweiz 1994, 13-22, dort 13.
[97] So muss man Marc Gellman/Thomas Hartman: Wo wohnt Gott? Fragen und Antworten für Eltern und Kinder, Hamburg 1997 verstehen.
[98] So wird man den Umgang mit Kinderfragen bei dem „Philosophieren mit Kindern" verstehen dürfen. Vgl. Hans-Ludwig Freese: Sind Kinder Philosophen? in: Johannes Brune (Hg.): Freiheit und Sinnsuche. Religionsunterricht, Ethik und Lebenskunde in der pluralen Gesellschaft. Berlin 1993, 23-40 oder Eva Zoller: Philosophieren mit Kindern in Theorie und Praxis der Sozialpädagogik. 1995, 222-223 oder dies.: Die kleinen Philosophen. Vom Umgang mit „schwierigen" Fragen. Zürich 1991.
[99] So wird man R. Oberthür a.a.O., 115 und in: Kinder fragen nach Leid und Gott. Lernen mit der Bibel im Religionsunterricht. München 1998 verstehen dürfen.
[100] Reinhardt Jung: Das geheime Wissen der Pinguine, Bde. 1-4. Wien, München 1993-1999.

an, die elementare Lebensfragen aufgreifen, sie narrativ bearbeiten und Anlass geben, gemeinsam über diese nachzudenken.[101]

Erfahrungen mit dem „Theologisieren" von Kindern im Religionsunterricht zeigen, dass kein Ansatz verabsolutiert werden darf. Zu empfehlen ist ein offener Umgang mit Kinderfragen, der sorgfältiges Hinhören und bedachtes Rückfragen, das gemeinsame Entwickeln von alternativen Sichtweisen aber auch das Angebot einer Antwort eines Erwachsenen enthält. Kinder fragen immer wieder, wie Erwachsene solche elementaren Lebensfragen beantworten. Kinder wollen hören, was Erwachsene selber glauben und wie sie ihr Leben deuten. Dabei geht es wohl weniger darum, endgültige Antworten zu bekommen als auf dem eigenen Weg voranzukommen. Interessant sind gerade solche Sichtweisen, die die erwachsene Person zu erkennen geben aber den Prozess des Nachdenkens nicht abschließen.

Aber wie soll diese Antwort aussehen? Soll es sich um eine elementare dogmatische Lehre mit Bekenntnischarakter handeln, um eine literarische oder um eine mythologische Erzählung?

Sicherlich wird man nicht von vornherein eine Möglichkeit ausscheiden können. Alle drei Ansätze werden in der Kindertheologie vorgeschlagen und sollten ausprobiert und untersucht werden. Alle drei haben jedoch mit Einwänden zu rechnen. Die dogmatische Lehre droht die Eigenaktivität und die Phantasiearbeit der Kinder zu unterbinden und das eigene Nachdenken zu erschweren. Literarische Erzählungen (z.B. Brüder Löwenherz) sind meist recht offen, brauchen viel Zeit und lassen die Position des Erwachsenen nicht sofort erkennen. Mythologische Erzählungen sind für viele veraltet und sowohl mit der Theologie als auch mit dem modernen Weltbild nicht verträglich.[102] Sie scheinen dem geschichtlichen Kern und dem Anliegen der Bibel nicht zu genügen und den kritischen Umgang der Bibel mit Mythen zu übersehen.[103]

2. Konzentration auf mythologische Erzählungen in der Bibel

Die folgenden Überlegungen wollen sich ganz auf die dritte Möglichkeit, das Erzählen von Mythen, konzentrieren. Sie wollen aufzeigen, dass mythologische Erzählungen eine hilfreiche Möglichkeit sind, auf die Fragen von Kindern einzugehen und mit ihnen hoffnungsvolle Perspektiven für das eigene Leben aufzubauen. Ja noch mehr: Sie wollen zeigen, dass Kinder Mythen „brauchen".

---

[101] Gareth B. Matthews: Philosophie der Kindheit. Wenn Kinder weiter denken als Erwachsene. Weinheim 1995.
[102] Rudolf Bultmann: Jesus Christus und die Mythologie. Das Neue Testament im Licht der Bibelkritik. Hamburg 1964, 13. Vgl. auch ders.: Die christliche Hoffnung und das Problem der Entmythologisierung Stuttgart 1954, in: GV III, 1960, 81.90, bes. 83.
[103] Nach Wolfhart Pannenberg: Die weltbegründende Funktion des Mythos und der christliche Offenbarungsglaube, in: Hans H. Schmid (Hg): Mythos und Rationalität. Gütersloh 1988, 108-122 geht es in der Bibel anstelle der „Urzeitorientierung des mythischen Bewusstseins" um die „Geschichte als Epiphanie Gottes", vgl. 114. Die mythenkritische Arbeit der Bibel kann man an Gen 1 studieren. Vgl. dazu Werner H. Schmidt: Einführung in das Alte Testament. Berlin 1979, 60.

Allerdings wird im Folgenden eine wichtige Einschränkung vorgenommen: Es soll nicht um Mythen allgemein, auch nicht um Kunst-Mythen gehen wie sie Reinhart Jung erzählt. Es soll vielmehr um solche Mythen gehen, die in der Bibel erzählt werden oder dort anklingen. Von ihnen soll behauptet werden, dass sie Kindern helfen, das Leben in christlicher Perspektive wahrzunehmen und so zu bestehen.

Für diese These sprechen zunächst einmal vier Argumente:

(1) Die Bibel enthält eine Fülle von mythischen Motiven und Überlieferungen, die den Glauben an den einen Gott anschaulich[104] und verständlich machen.[105] Eine Eliminierung des Mythischen aus dem christlichen Glauben ist nicht möglich.[106] Zentrale Inhalte wie Schöpfung und Fall, Versöhnung und Gnade, Erlösung und Auferstehung werden mithilfe mythologischer Bilder erzählt.[107]

(2) In der evangelischen Theologie und in der Philosophie hat eine Neubewertung der Mythen eingesetzt.[108]

(3) Mythologische Erzählungen finden bei Kindern – und bei Erwachsenen – große Resonanz.

(4) Mythen werden in der Unterhaltungskultur breit angeboten und intensiv rezipiert.[109]

So erzählt der Film „Der Untergang der Titanic" von dem Versagen der Technik gegenüber den Naturgewalten und von den ökonomisch bedingten Versäumnissen im Sicherheitsbereich. Es geht um Unsicherheit und Ohnmacht, um Versagen und Schuld, um Allmachtsphantasien und Grenzen des Möglichen. Die filmische Erzählung greift diese Grunderfahrungen menschlichen Lebens auf und bearbeitet sie. Sie erzählt von einer nautischen Katastrophe, von Todesangst, gleichzeitig aber auch von dem Sieg der Moral („Frauen und Kinder zuerst") und von dem

---

[104] Die veranschaulichende Funktion mythologischer Überlieferung in der Bibel betont Pannenberg a.a.O., 122. W.H. Schmidt: Mythos III. Altestamentlich, TRE XXIII, 1994, 625-644, hier 637, schreibt der mythischen Überlieferung in der Bibel ebenfalls die Aufgabe zu, „den Glauben an den einen Gott anschaulich, bildhaft, lebendig auszusprechen", betont aber gleichzeitig, dass damit auch der „universale(r) Anspruch" erhoben wird.

[105] Joachim von Soosten: Die Konfiguration von Mythologie und Christologie, in: E. Rudolph (Hg.): Mythos zwischen Philosophie und Theologie, 1994, 30-47 arbeitet am Adamsmythos in Röm 5 heraus, dass das Verständnis der neutestamentlichen Überlieferung bleibend auf mythologische Tradition angewiesen ist.

[106] Zu dieser Schlussfolgerung gelangt Friedrich Beißer in: Mythos V. Systematisch-theologisch, TRE XXIII, 1994, 659.

[107] Darauf insistiert Paul Tillich: Wesen und Wandel des Glaubens, 1961, 60-67 und gelangt zu dem Schluss: „das Christentum spricht wie jede andere Religion in mythologischer Sprache" (67).

[108] Entscheidend für die Neubewertung in der Theologie war der VI. Europäische Theologenkongress 1987 in Wien zum dem Thema „Mythos und Rationalität. Zu der philosophischen Diskussion vgl. Kurt Hübner: Die Wahrheit des Mythos. München 1985 und Enno Rudolph (Hg.): Mythos zwischen Philosophie und Theologie. Darmstadt 1994.

[109] Vgl. zu Titanic Jürgen Grimm: Das Titanic-Phänomen, in: Texte. Sonderheft der Zeitschrift medien praktisch, Sept.1999, 17-29. Zu König der Löwen: Georg Seeßlen: König der Juden oder König der Löwen, in: EZW Texte informationen Nr. 134, 1996 und Hans-Martin Gutmann: Der Herr der Heerscharen, die Prinzessin der Herzen und der König der Löwen. Religion zwischen Kirche, Schule und populärer Kultur. Gütersloh 1998, 75-89.

Sieg der Liebe über den Tod. Angeboten wird als Sinndeutung des Lebens: Wenn es schon Niederlagen und Versagen gibt, so wird doch das Gute nicht untergehen und die Liebe wird das letzte Wort haben. So wird der Angst vor dem Tod entgegengearbeitet und Versöhnung mit der Katastrophe eröffnet.

Der Zeichentrickfilm „König der Löwen" thematisiert auf symbolische Weise den schwierigen Prozess des Erwachsenwerdens, zum anderen aber die Erfahrung, dass heiles Lebens immer wieder bedroht ist. Indem die Erzählung den Einbruch des Bösen symbolisch entwickelt, gibt er alltäglichen Erfahrungen Ausdruck und Gestalt. Indem er den Kampf gegen das Böse miterleben lässt und schließlich den Sieg des Guten über das Böse und die neue Aufrichtung von Heil erzählt, vermittelt er die Zuversicht, dass alle Formen des Bösen überwunden werden können. Allerdings – so erzählt der Film – ist ein solcher Kampf ohne Opfer und ohne das Eingreifen des Retters nicht zu gewinnen.

3. Definition einer „mythologischen Erzählung"

Die Definition des Mythos ist strittig. In der Regel wird deshalb auf eine allgemeine Definition verzichtet.[110] Dennoch soll hier der Versuch gemacht werden, zumindest eine Definition der mythologischen Erzählung vorzulegen und mit dieser zu arbeiten.[111]

Unter „mythologischer Erzählung" soll im Folgenden
- eine dramatische symbolische Erzählung verstanden werden (Form),
- die von einem überindividuellen, überhistorischen, unanschaulichen, Wahrheit reklamierenden, gleichzeitig aber personifizierten Sinnzusammenhang handelt (Inhalt)
- und es vermag, elementare Lebensfragen und -erfahrungen zu thematisieren, Menschen existenziell anzusprechen und nachdenklich zu machen (Wirkungen),
- mit der Intention, eigene Erfahrungen in einem größeren Sinnzusammenhang zu deuten, Gefühle zu klären, Gewissheiten aufzubauen, Bewältigungsformen aufzuzeigen und Verhaltensmöglichkeiten anzubieten (Funktionen).

Der hier vorgeschlagene Begriff des Mythos will diesen nicht auf „Göttergeschichten" reduzieren.[112] Als Mythen sind vielmehr all jene Erzählungen anzusehen, die für Menschen einen verbindlichen Sinnzusammenhang anbieten und diesen ins Bild setzen. Dazu gehören auch Erzählungen über prägende, das Erleben, Erwarten und Handeln bestimmende geschichtliche Ereignisse wie den Exodus, den Sturm auf die Bastille, Auschwitz, das Amselfeld, Massada[113].

---

[110] So auch F. Beißer a.a.O., 652.
[111] Zu beachten ist, dass Mythen auch in Bildern, Bildprogrammen und in Riten zum Ausdruck kommen können.
[112] So z.B. Hermann Gunkel im Gefolge der religionsgeschichtlichen Schule. Vgl. W.H. Schmidt: Mythos III. Alttestamentlich, TRE XXIII, 597, 626.
[113] Vgl. Jan Assmann: Das kulturelle Gedächtnis. München 1999, 76-78.

Mythen erzählen in der Regel vom Ursprung[114], der die Gegenwart als sinnvoll erscheinen lassen will. Mythologische Erzählungen können jedoch nach der hier vorgeschlagenen Definition auch künftige Ereignisse zum Inhalt haben[115] und über den Entwurf von Zukunft, die Wahrnehmung der Gegenwart „fundieren". Mythen sind darüber hinaus nicht auf eine stabilisierende Funktion zu beschränken. Sie können auch das Fehlende, Verlorene hervorholen und so „kontrapräsentisch" wirken.[116]

Mythologische Erzählungen beziehen sich immer auch auf Erlebtes und geben eigenen Erfahrungen Ausdruck. Ihre Attraktivität und Überzeugungskraft hängt auch damit zusammen, dass sie das, was wir kennen, zur Erfahrung bringen.

Doch Mythen gehen über das hinaus, was wir schon kennen. Mythen bieten eine Anleitung für das Verstehen. In ihren Erzählungen entwickeln sie Schritt für Schritt Vor-Bilder für das Noch-nicht-Erlebte und Noch-nicht-Verstandene. Sie fordern auf, die eigene Welt vom Mythos her zu deuten. Mythen haben deshalb einen „apriorischen" Charakter.[117] Sie geben „ewigen" – weil immer schon gültigen -, gleichzeitig aber unanschaulichen „Sinnwahrheiten" („Die Liebe ist stärker als der Tod"; „Das Böse findet sein gerechtes Urteil") Ausdruck und Anschauung.

Dieser vorgängige und unbedingte Geltungsanspruch kommt auf der Ebene der Erzählung durch die Form der Göttererzählung, durch Beschreibung einer fernen, besonderen Zeit oder den Gebrauch der Mythen bei besonderen Anlässen und in ihrer Rezitation durch „heilige" Personen zum Ausdruck.

Vergleicht man mythologische Erzählungen mit Märchen, so geht es in Mythen vor allem um die Entstehung oder das Ende der Welt, die Entstehung der Menschen, ihre Eigenart (vor allem auch Gewalt und Sterblichkeit) und ihre Bestimmung.[118]

Zu der besonderen Eigenart der Mythen gehört der Gebrauch von Symbolen (Drache, Engel) und symbolischen Handlungen (Kampf).[119] Diese sprechen unbewusste Schichten des Menschen an, sind offen für unterschiedliche Situationen,

---

[114] Mircea Eliade: Mythos und Wirklichkeit. Ffm 1988, 15-19 begrenzt deshalb Mythen auf primordiale Ereignisse. W. Pannenberg a.a.O. legt diesen eingeschränkten Begriff seinen Überlegungen zugrunde.
[115] Dies vertritt Assmann a.a.O., 79; aber auch Paul Tillich a.a.O. 67.
[116] Vgl. Assmann a.a.O., 79.
[117] Dem Mythos wird hier eine transzendentale Bedeutung zugesprochen. Der Mythos bietet nach E. Cassirer (vgl. Hübner: Wahrheit des Mythos, 1985, 61-66) Anschauungsformen, die der Erfahrung vorausliegen und „Bedingungen möglicher Erfahrungen" bereitstellen. Mythen entschlüsseln den eigentlichen Grund der Wirklichkeit und machen diesen „offenbar". Es geht nach Mircea Eliade: Mythos und Wirklichkeit, 1988, 22 f. um das „Geheimnis der Wirklichkeit". Ingo Dahlfert: Von der Mythenkritik zur Entmythologisierung in Volker Hörner/Martin Leiner (Hg.): Die Wirklichkeit des Mythos. Eine theologische Spurensuche. Gütersloh 1998, 57-81 sieht im Mythos den „Sinnhintergrund des Lebens" (ebd. 58) angesprochen.
[118] Dies zeigt sich in der Einteilung der Mythen bei Mircea Eliade. Er unterscheidet Schöpfungsmythen, Mythen vom Ende der Welt, Mythen von den höchsten Wesen und von Sonne und Mond, Mythen von der Erschaffung des Menschen und vom Ursprung des Todes. Vgl. Mythen und Mythologien in Sergius Golowin: Die großen Mythen der Menschheit, 1998, 10-29.
[119] Nach Paul Tillich a.a.O., 62 sind Mythen „Symbole des Glaubens, die zu Geschichten verbunden sind".

geben Vorsprachlichem und Noch-Unverstandenem sinnlichen Ausdruck und sprachliche Gestalt, ohne jedoch vollständig ausgeschöpft werden zu können.[120]

Der dramatische Charakter der Erzählung gibt den Rezipienten Gelegenheit, sich nach und nach in der Geschichte selbst zu identifizieren und daraufhin einen Weg zu gehen, auf dem Identifikationen bearbeitet und auch modifiziert werden können. Mythen bieten eine symbolische Bewältigung von Erlebnissen.

4. Kinder brauchen Mythen

In den Fragen von Kindern (Wie entstand die Welt?, Wo kommen wir hin, wenn wir tot sind?, Warum müssen wir Menschen sterben?, Warum lässt Gott es zu, dass man so traurig ist?) zeigt sich das Bedürfnis nach Wissen und Verstehen, aber auch der Wunsch nach Vergewisserung und Hoffnung. Solche elementaren Lebensfragen beziehen sich auf die Rahmen – (Weltentstehung; Erschaffung des Menschen, Weltende) und Grundbedingungen (Leid, Tod; Konflikte, Gewalt) menschlicher Existenz und verdanken sich einem Bedürfnis nach einer realistischen, gleichzeitig aber vergewissernden Deutung erlebter Wirklichkeit, die es erlaubt, neugierig, zuversichtlich und den Menschen zugewandt durch das Leben zu gehen.

Kinder „brauchen" Mythen[121] aus einem doppelten Grund: Zum einen, um konkret Erlebtes oder tiefsitzende Gefühle artikulieren und ordnen zu können. Zum anderen, um weiterführende Perspektiven unter Einbezug von Erlebtem und Verspürtem zu gewinnen.

Kinder „brauchen" Geschichten, die ihnen helfen, Noch-nicht-Verstandenes zu verstehen und Zukommendes sinnhaft wahrzunehmen. Sie „brauchen" Geschichten, die deutend den Rahmen formulieren, innerhalb dessen sie leben und Erfahrungen machen. Ob Kinder hoffnungsvoll in ihr Leben gehen, ist deshalb auch von jenen Geschichten abhängig, von denen her sie ihr Leben wahrnehmen.[122] Dabei brauchen sie konkret-anschauliche Sinnzusammenhänge. Abstrakte Zusammenhänge sind ihnen noch nicht zugänglich.

Kinder „brauchen" Mythen aber auch deshalb, weil Mythen den Raum und die Gelegenheit geben, das eigene Leben aktiv zu deuten. Zwar bieten Mythen immer elementare Deutungen für konkrete Erlebnisse an (Es gibt ein gutes Ende; ich kann auf Beistand hoffen, wenn das Böse mich angreift), doch die Symbole und die symbolischen Erzählungen fordern gleichzeitig heraus, entsprechende Geschichten und Phänomene zu entdecken.

---

[120] Diese Seite der Mythen betont besonders die tiefenpsychologische Deutung. Vgl. z.B. Eugen Drewermann: Tiefenpsychologie und Exegese Bd. I, 1984, 87-100.
[121] Diese Formulierung ist an Bruno Bettelheim: Kinder brauchen Märchen. München 1980 angelehnt.
[122] Es dürfte einsichtig sein, dass eine solche sinndeutende Wahrnehmung kein bloß kognitiver Akt ist, sondern in das Zentrum der eigenen Emotionalität, die Seele, reicht. Mythen sprechen den „Seelenvogel" an.

Schließlich „brauchen" Kinder Mythen, weil sie selber ihr Leben erzählend deuten. Das Erzählen mythologischer Geschichten entspricht in besonderem Maße der Art und Weise, wie Kinder Sinndeutungen gewinnen und artikulieren.

Ergänzend sei darauf hingewiesen, dass Kinder biblische Mythen „brauchen", um grundlegende Glaubensinhalte verstehen und nachvollziehen zu können.[123]

5. Ein Mythos für Kinder

Um die Wirkung von mythologischen Erzählungen der Bibel auf Kinder, deren Umgang mit Mythen und so den Bedarf an Mythen bei Kindern erkennen zu können, wurde in einer 5. Klasse in einem baden-württembergischen Gymnasium ein Unterrichtsexperiment durchgeführt und durch das Audiovisuelle Zentrum der PH Heidelberg dokumentiert.

Zunächst sollten elementare Fragen stimuliert und mit den Kindern bedacht werden. Dazu wurde den Schülerinnen und Schülern das sog. „Richter Dilemma" von Fritz Oser vorgelegt.[124]

> *In einer kleinen Stadt lebte einst ein wohlhabender Mann. Er war glücklich verheiratet, hatte vier Kinder, und besaß ein großes Haus. In seinem Beruf als Oberrichter war er sehr erfolgreich. Der Mann betete regelmäßig und vergaß dabei nicht, Gott für sein glückliches Leben zu danken. Er spendete auch viel Geld für soziale Projekte. Für die armen Leute setzte er sich persönlich ein.*
>
> *Doch viele Leute in der Stadt fürchteten den Richter, weil er zwar gerecht, aber doch sehr streng war. Deshalb sprachen gewissen Kreise in der Stadt schlecht über ihn und verleumdeten ihn. So verlor er unverschuldet seinen guten Ruf. Nach einer gewissen Zeit musste er deshalb auch sein Amt als Oberrichter aufgeben. Das war aber nicht alles: Eines Tages wurde sein Tochter sehr krank. Sie bekam eine eigenartige Lähmung, die jeden Tag schlimmer wurde. Der Exrichter konnte die Kosten für eine Heilung nicht mehr aufbringen. So musste er seine schönes Haus verkaufen und all sein Geld für Arztrechnungen aufbrauchen. Seine Tochter aber wurde dennoch nicht gesund.*

Die Schülerinnen und Schüler sollten in einer ersten Unterrichtsstunde bedenken, ob der Richter weiter an Gott glauben und zu ihm beten soll. Sie formulierten schriftlich ihre Urteile und tauschten ihre Sichtweisen im Klassengespräch aus.

Die Ergebnisse entsprechen im wesentlichen der Stufe „Do ut Des" von Oser Gmünder, wie dies auch Anton Bucher festgestellt hat. Kennzeichnend sind Aussagen wie „Wenn der Richter kein Unrecht getan hätte, hätte Gott auch keinen Grund". Oder: „Je nachdem, was der Richter früher angerichtet hat. Ganz brav

---

[123] So brauchen z.B. Kinder Anschaulichkeit, um die universale Bedeutung Jesu Christi für den christlichen Glauben zu verstehen zu können. Gerade darin dürfte die Bedeutung des sog. „Christus-Mythus" liegen, der zum unaufgebbaren Kern des Neuen Testaments gehört. Vgl. Martin Dibelius: Die Formgeschichte des Evangeliums. Tübingen 5. Aufl. 1966, 267; W. Pannenberg a.a.O., 121.

[124] Vgl. Fritz Oser/Paul Gmünder: Der Mensch – Stufen seiner religiösen Entwicklung. Gütersloh 2. überarb. Aufl. 1988, 207 f.

war er sicherlich nicht. Vielleicht hat er den Armen zu wenig von seinem Reichtum gegeben." Oder: "Er will ihn vielleicht prüfen, er will achten, ob er auch im Unglück noch an Gott glaubt. Wenn er es gut macht, wird alles wieder gut."[125]

In einer zweiten – nun durch eine Videoaufzeichnung dokumentierten – Unterrichtsstunde wurde den Schülerinnen und Schülern eine mythologische Erzählung vom Kampf Michaels gegen den Drachen erzählt. Es wurde darauf hingewiesen, dass es sich hier um eine zwar frei nacherzählte, aber uralte Geschichte handelt, die zwar nicht von dem Richter handelt, aber „irgendwie" doch etwas mit der Richter-Geschichte zu tun habe.

Es ist ganz am Anfang. Da sagt sich Gott: Ich möchte die Welt erschaffen. Ich möchte nicht alleine sein. Und Gott beginnt Himmel und Erde zu machen. Als erstes macht er das Licht. Dabei sagt er sich: Ich brauche Helfer bei der Erschaffung der Welt. Ich brauche Wesen, die ganz nahe bei mir sind, die mich umgeben, die meinen Willen ausführen, die einen Teil von mir in sich haben. Ich brauche Engel, ganz verschiedene. Und deshalb machte Gott mit dem Licht die Engel. Engel sind deshalb fast ganz aus Licht. Wenn man sie sieht, tragen sie meistens ein weißes Kleid.

Die Engel helfen Gott bei der Erschaffung der Sterne, der Tiere und der Bäume.

Am sechsten Tag ruft Gott alle Engel zu sich und er sagt:

Ich danke euch für eure Hilfe bei der Erschaffung der Welt.

Nun habe ich etwas ganz Besonderes vor.

Ich möchte ein Ebenbild von mir selbst erschaffen.

Ich möchte die Menschen erschaffen.

Sie sollen nur etwas geringer als ihr sein, als meine Engel.

Sie sollen in der Welt, in der Schöpfung zeigen, wie ich bin. Sie sollen herrschen, wie ich, mir ähnlich, freundlich und immer an die Pflanzen und Tiere denkend, an Luft Erde und Wasser. Sie sollen die Welt gestalten und erhalten. Sie sollen sie bebauen und bewahren. Ich will, dass sie wie Könige und Königinnen durch das Leben gehen.

Sie sollen stolz sein, weil ich sie gern habe. Und sie sollen alle Lebewesen spüren lassen, dass ich Gott es gut mit der Welt meine.

Die meisten Engel nicken beifällig.

Nur Satanael, der Anführer der himmlischen Heerscharen und himmlischer Oberstaatsanwalt ist damit nicht einverstanden.

---

[125] Anton Bucher: Kinder und die Rechtfertigung Gottes? – Ein Stück Kindertheologie, in: Schweizer Schule (10) 1992, 7-12. Wie auch die Untersuchung von Anton Bucher belegt, neigen 10-12-jährige Kinder dazu das Dilemma im Sinne einer Do-ut-Des-Struktur zu lösen. Vgl. Fritz Oser: Wieviel Religion braucht der Mensch? Erziehung und Entwicklung zur religiösen Autonomie. Gütersloh 1988, 46.

„Was soll das? Die werden sich von dir lossagen und machen, was sie wollen.

Sie werden sich einander umbringen und Pflanzen und Tiere und Luft und Wasser zerstören. Sie werden Menschen verleumden und fertig machen. Sie werden schlecht übereinander reden und lügen.

Und wir, sollen wir da auch noch mitmachen? Das darf doch nicht wahr sein."

Satanael ist sauer und gekränkt.

Bis jetzt waren sie, die Engel, die besonderen Geschöpfe Gottes. Gott lächelt und sagt dann ganz ernst:

„Ja, all das kann so sein. Aber ich möchte keine Automaten, die nur das tun, was ihnen einprogrammiert wird. Ich möchte Menschen, die freiwillig das Gute tun."

Satanael wird zornig. „Nein, das darf nicht sein. Sie werden nur Böses tun und nichts von dir erzählen."

Gott sagt: „Dann ich werde selbst zu ihnen gehen als Mensch, wie sie. Und werde ihnen zeigen, wie Gott ist und wie es ist, ein guter Mensch zu sein."

Satanael hält Gott für verrückt. "Sie werden dich umbringen!"

„Das kann sein, doch ich werde die Menschen nicht sich selbst überlassen."

Satanael gibt Gott auf.

Ein Drittel der Engel steht zu ihm.

Er will diesen Plan verhindern.

Er beginnt einen Kampf gegen Gott.

Gott kommt in Schwierigkeiten. So leicht wird man gegen seine eigenen Engel nicht fertig. Er sucht einen neuen Anführer. Er findet Micha und wählt ihn aus zum Chef der himmlischen Heerscharen. Er nimmt Satanael das „El" aus dem Namen und gibt es Micha. So wird aus Micha Michael.

Im Himmel beginnt ein wilder Kampf. Er wogt hin und her. Manchmal sieht es so aus, als müsse Gott verlieren und den Himmel dem Satan überlassen.

Doch schließlich gelingt es Michael, den bösen Engel, den Drachen, den Teufel aus dem Himmel hinaus und auf die Erde hinunterzuwerfen – mitten in das Leben der Menschen hinein.

Durch die Niederlage wird der Satan nur noch wütender. Er rennt jetzt auf der Erde hin und her und versucht alles, die Menschen von Gott abzubringen und die Herrschaft gewinnen. Ganz besonders hat er es auf die abgesehen, die an Jesus glauben, die zu Gott beten und auf Gott vertrauen. Er will alles durcheinander bringen, die ganze Welt, das persönliche Leben und die Seele innendrin. Immer wenn der Satan, der Diabolos, der Teufel auftritt, geht alles drunter und drüber, es gibt Unglück, es gibt Enttäuschung und Tränen und Menschen fangen an Gott zu zweifeln. Sie fragen sich, ob sie noch an Gott glauben sollen.

> *Der Teufel, der Satan kann ganz verschiedene Gestalten annehmen. Er kann sich ganz klein und auch ganz unsichtbar machen. Er kann in die Seele eines Menschen hineinschlüpfen und ihn ganz durcheinander bringen, so dass er nicht mehr weiß, was er glauben soll. Er kann sogar machen, dass Menschen nichts mehr von Gott halten. Der Satan kann sich auch ganz groß machen. Dann begegnet er als Krieg, der die Menschen glauben lässt, die Welt sei total schlecht.*
>
> *Der Teufel kann sich auch hinter einer schlimmen Krankheit verstecken und Menschen ganz mutlos machen.*
>
> *So leicht wird man mit ihm nicht fertig. Gott muss gegen diesen Satan kämpfen. Deshalb schickt er immer wieder den Erzengel Michael und andere Engel auf die Erde, um Menschen zu schützen und ihnen zu helfen, mit dem Teufel fertig zu werden. Allein schaffen sie es nicht, aber auch ihre Kräfte werden gebraucht. Es gibt jedes Mal einen Kampf und es sieht immer wieder so aus, als müsste Gott und seine Engel verlieren. Es geht immer wieder hin und her in den Menschen innen drin, im Leben eines Menschen und in der großen Welt.*
>
> *Aber so wie Gott es mithilfe der guten Engel und vor allem Michael geschafft hat, im Himmel den Satan hinauszuwerfen, so wird er es immer wieder auch auf der Erde schaffen, den Durcheinanderbringer zu besiegen und alles tun, dass irgendwann Himmel und Erde so werden, wie Gott sie ursprünglich gewollt hat.*

Bei dem Mythos handelt es sich um eine Bearbeitung des Mythos vom Engelsturz und vom Chaosdrachenkampf in Aufnahme von Gen 1,26ff. und Offbg. 12,4-9 sowie jüdischen Erzählelementen.[126] Als Motiv für Revolution im Himmel wurde aus der vielfältigen Spekulation die Kränkung des Gefühles gewählt, etwas besonderes zu sein, aber auch die Sorge um Gottes Schöpfung und Gottes Plan mit der Welt.[127] Sehr bewusst wurde eine Auslegung der Ebenbildlichkeit, des biblischen Schöpfungsauftrages und des Sündenfalles eingefügt. Ganz betont wurde die Christologie eingearbeitet. Die mythologische Erzählung gewinnt so predigthafte Züge.

Mit der Lehre von den verschiedenen Gestalten des Teufels wurden Anschlüsse an das Richter-Dilemma eingearbeitet. Das Recht dafür wurde in der unterschiedlichen Symbolisierung des Teufels als Drachen, Schlange oder menschliche Person gesehen.

Die Entwicklung einer dualistischen Erklärung des Bösen wurde nicht nur in Kauf genommen, sondern bewusst gewählt. Gerade der Dualismus schien geeignet zu sein, die erkannte „Do ut Des" Struktur in dem religiösen Urteil der Kinder für neue Sichtweisen zu öffnen. Es sollte die Möglichkeit auftauchen, dass der Richter doch nicht selber an seinem Leid schuld ist und dass es sinnvoll ist, weiter an Gott zu glauben, auch wenn dieser die Gebete nicht sofort erhört und gutes Tun nicht automatisch belohnt.

---

[126] Vgl. Alfons Rosenberg: Engel und Dämonen. München 2. erweit. Aufl. 1986, 49; 92-101; 153-168.
[127] Vgl. Malcolm Godwin: Engel eine bedrohte Art. Ffm 1990, 79-99.

Wichtig erschien der Hinweis, dass der Teufel ein Geschöpf Gottes ist. Es handelt sich also um einen monistisch abgemilderten Dualismus, der eine eschatologische Hoffnungsperspektive enthält und Raum lässt für menschliches Handeln. Gottes Güte sollte nicht infrage gestellt werden. Seine Allmacht hingegen wurde begrenzt und als Allmacht der Liebe sowie als Verheißung interpretiert. Einst wird die Liebe Gottes allmächtig sein! So sollte die elementare Lebensfrage aufgenommen werden, wie Leid und Böses zu einem allmächtigen und gütigen Gott passen.

Bei der Auswahl dieses Mythos wird das – möglicherweise archetypische – Interesse der Schülerinnen und Schüler an Drachen, Helden und an Kampf berücksichtigt. Die Erzählung sollte anschaulich sein, einen Spannungsbogen enthalten und emotional ansprechen. Sie sollte zudem den Bogen von der Urzeit zur Endzeit schlagen, die konkrete Geschichte Jesu und eigene Erfahrungen der Kinder einbeziehen.

Aus der Perspektive des Erzählers handelt es sich um einen „gebrochenen Mythos".[128] Es handelt sich also um eine Erzählung, die als symbolische konzipiert und verstanden ist. Der Mythos wird nicht wörtlich verstanden, wohl aber als notwendige Form angesehen, um das, was uns unbedingt angeht, auszudrücken. Die mythologische Erzählung ist aus der Perspektive des Erzählers Verkündigung, die ein Spiel mit der eigenen Erfahrung erlaubt.

6. Die Rezeption der Kinder

Nach dem Erzählen des Mythos wurden den Schülerinnen und Schülern Gelegenheit gegeben, in Ruhe über die Geschichte nachzudenken. Dazu wurden sie aufgefordert, einen Ausschnitt aus Dürers „Kampf Michaels gegen den Drachen" aus dem Jahre 1498 zu kolorieren. Erstaunlicherweise malten alle Kinder den „Teufelsbraten" rot an! Hinter diesem Schritt stand die Einsicht, dass sich Mythen nicht sofort für eine argumentative Auseinandersetzung eignen. Sie zielen nicht auf Diskussion, sondern auf Betroffenheit und inneren Nachvollzug. Erst nach einer Weile kam es zum Gespräch.

Rasch zeigte sich, dass die Schülerinnen und Schüler kein Problem hatten den Mythos als Interpretationsmodell auf das Richterdilemma zu beziehen.[129]

Bm: 4. Also der Gott ist vielleicht eine Art Richter. Also die Geschichte hat ja mit der anderen Geschichte was zu tun.

Bm: 6. Also der Gott war ja eigentlich ganz nett und so, dann haben sich auf einmal die ganzen Engel gegen ihn gestellt, dann musste er halt gucken, dass er die Bösen halt überwindet, ein bisschen ...

Cw: 10. Dass also sagen wir einmal der Satan, bei dem Richter auf der Erde war und in die Tochter geschlüpft ist und in die Leute, die das Gerücht verbreitet haben ja ...

---

[128] Vgl. Paul Tillich: Wesen und Wandel des Glaubens. Berlin, Ffm 1975, 63.
[129] Die Aussagen der Schülerinnen und Schüler sind durchnummeriert. Die Schüler/-innen sind anonymisiert gemäß der Studie von F. Schweitzer, K.E. Nipkow u.a.: 24 Stunden Religionsunterricht. Die Buchstaben geben den Häufigkeitsrang an: A hat die meisten Beiträge geliefert. Mit m oder w wird das Geschlecht angegeben.

D2m: 14. Der Satan will den Richter von dem Beten abbringen, die andere Geschichte hat ja auch etwas mit dem Beten zu tun. Der will ja auch aufhören mit dem Beten.

Aw: 20. Ja, also er verunsichert ihn auch so ein bisschen. Der Richter hat/ davor hat er immer soviel gespendet und hat gedacht, jetzt ist der Gott zufrieden mit mir, jetzt will der Satan, der hat es ja wahrscheinlich gesehen, wandelt er jetzt plötzlich alles um ins Gegenteil, was der Richter hat. Jetzt ergeht es ihm wahrscheinlich wie den Leuten, denen er vorher gespendet hat. Der Satan versucht ihn jetzt zu verunsichern, dass er glaubt, das war Gottes Schuld, dass ich mein Haus verloren hab, dass ich jetzt nicht mehr Oberrichter bin. Jetzt muss er sich halt noch überlegen, ob er noch weiter beten soll oder nicht.

Aw: 22. Der Richter hatte ja vorher so ein großes Haus geglaubt, jetzt hab ich dem Richter, äh Gott, recht gemacht, der findet es bestimmt jetzt gut, jetzt könnt ich eigentlich so weiterleben, jetzt hat es der Satan wahrscheinlich gesehen und will, dass er nicht mehr an den Gott glaubt, jetzt hat er die Tochter krank gemacht, jetzt geht es dem Richter so wie den armen Leuten ... wie die leben, so geht es ihm jetzt. Jetzt verunsichert er den Richter so, dass er denkt, vielleicht bete ich doch nicht mehr weiter, jetzt hat sich der Gott das anders überlegt und hat gedacht, jetzt denkt er vielleicht, das bringt einfach nichts mehr, weil er ihn nicht mehr mag.

Die Schüler erklären mithilfe des Mythos das Richter Dilemma und arbeiten an einer Lösung. Sie deuten die Alltagsgeschichte mit der mythologischen Erzählung, indem sie diese zunächst einmal übertragen. Dabei sind Gott der Teufel und der Engel ganz selbstverständliche Akteure. Auch der Himmel wird als selbstverständlich akzeptiert. Das Gebet ist eine unhinterfragte Handlung. Dies dürfte darauf hinweisen, dass die Kinder ganz selbstverständlich mit der Existenz und Wirksamkeit Gottes rechnen und den Mythos wörtlich verstehen.[130]

Bemerkenswert ist an dem weiteren Gesprächsverlauf, dass die Schüler nicht bei einer einfachen wechselseitigen Abbildung bleiben, sondern angeregt werden, ganz eigenständige Überlegungen anzustellen und so mit dem Mythos nachzudenken.

D3w: 24. Könnte ja auch denken, dass auch so ein Krieg im Himmel war und dass der Gott aus Versehen den Engel, also die hatten ja den Krieg und dass Gott den Ding runter geschmissen hat aus dem Himmel und dass Gott aus Versehen einen Teufel erschaffen hat und dass er jetzt auch denken könnte, der Teufel verunsichert ihn jetzt im Leben. Und dann muss er sich denken, ich glaub an Gott, er kann so etwas Böses nicht tun und er muss weiter beten und wenn er stark ist, kann er den Teufel wieder auch aus seinem Leben verschwinden.

Bm: 26. Der D2m hat vorhin gesagt, dass der Teufel sich ins Leben einmischt und sich den Glauben verwirrt, und das kann ja auch stimmen, dass er sich klein und unsichtbar gemacht hat und unsichtbar in die Seele 'reingegangen ist und so dass alle Menschen nicht mehr an Gott glauben und dass dann Gott denkt, er sei überflüssig, dass er was ganz Falsches gemacht hat und wieder in den Himmel holt und wieder von vorne anfängt.

Cw: 65. Und wenn man halt was Falsches macht, dann kann einem Gott auch wieder heraushelfen.

L: 66. Dass Gott einen nicht für einen Fehler bestraft, sondern Gott weiß schon, dass wir auch einmal einen Fehler machen, weil er uns selbständig geschaffen hat.

Cw: 67. Hat bestimmt auch schon welche gemacht.

Cw 69. Gott hat vielleicht den Fehler gemacht, da wusste er noch nicht, dass er den Satan erschaffen hat.

---

[130] Dies entspricht den Einsichten von James Fowler: Stufen des Glaubens 1991, 151-167, der bei den meisten Kindern dieses Alters mit der Stufe „mythisch-wörtlichen Glaubens" rechnet. Zur Verteilung vgl. 340.

Die Frage der Lehrerin, ob die Schüler glauben, dass die alte Geschichte dem Richter hilft, löst ein Nachdenken über mutmachende Perspektiven des Mythos aus.

E2m: 28. Ja, ich denk schon, weil das hängt ja auch zusammen die Geschichte vom Richter und die von Gott und dem Satan hängt ja auch zusammen.

L: 29. Und weil die zusammenhängen, tröstet es. Könntest du noch genau erklären, was würde den Richter denn trösten in der Geschichte?

E2m:30. Das, was D3w glaub ich gesagt hat, dass auch der Kampf gegen den Satan gewinnt wieder Gott.

D2m: 32. Ja, wenn er jetzt die andere Geschichte hört, dass auch die anderen ihm dann helfen, dass er ihn vertreiben kann, dann hat vielleicht wieder mehr Hoffnung, dann betet er wieder mehr, dass sie ihm helfen.

D1m: 37. Doch, er weiß ja dass jeder Mensch gegen Satan gewinnen kann, wenn man an Gott glaubt.

Daneben werden identitätsvergewissernde Schlussfolgerungen gezogen.

Cw: 59. Die D3w hat ja gesagt, dass uns Gott nicht einfach so erschaffen hat. Er hat uns ja auch nicht einfach so erschaffen. Er wollte uns ja nicht als Spielzeug, als Zerstörungsmaschine haben, er wollte ja Leben auf der Erde schaffen und nicht, dass das alles unter seinem Kommando läuft, sondern selbständig auch macht.

Cw:63. Also der Richter hat ja eigentlich nichts Schlimmes getan, außer wenn er halt ein falsches Urteil gefällt hat, ja warum soll dann Gott etwas mit zu tun haben, also er hat auch nichts damit zu tun, aber Gott könnte ihm wieder heraushelfen.

Cw: 65. Und wenn man halt was Falsches macht, dann kann einen Gott auch wieder heraushelfen.

Schließlich werden eigenständige Handlungsmöglichkeiten entwickelt – metaphorische und ganz konkrete.

D3w: 48. Und bei dieser Geschichte kann man ja auch merken, das er manchmal gegen die Menschen ungerecht war und dass das der Satan gleich ausgenutzt hat und ist dann in die Seele rein gegangen und hat die dann noch unsicherer gemacht die Menschen und hat dann irgendwie immer heimlich gesagt, der bestraft euch, der will euch ins Gefängnis stecken und haben die dann irgendwie Gerüchte gemacht und dass er dann glauben konnte, dass Gott/ es war so schlimm, er denkt, so schlimm kann er gar nicht sein, er hätte ihn ja nicht geschaffen, wenn er so was Schlimmes machen würde und wenn er dann die Geschichte, der Satan doch besiegbar ist, könnte er denken, wenn ich jetzt ganz toll an Gott glaube, vielleicht könnten wird dem so was wie ein kleines Haus bauen, so eine Art Hölle, wo er nur rein soll.

Aw: 71. Vielleicht müsste der Richter, wenn der Gott wieder weg wäre, einfach auf die Idee kommen, er könnte das vielleicht auch, und der Satan immer noch da wäre, einfach den Leuten, die gegen ihn da waren, die Geschichte auch erzählen, ihnen dann auch erzählen, dass es richtig wahr war, weil die Tochter krank war und das war ja vorher nie und der Haushalt nicht mehr hat und dann einfach mit den Leuten zusammen gegen den Satan einfach zu kämpfen und den dann auch einfach ja wie D3w gesagt hat in so ein Haus bringen, da wo dann nur die bösen Menschen hinkommen.

Bm: 77. Er sollte sie halt überall weiter erzählen. Dann könnten sie alle gemeinsam gegen den Satan kämpfen.

Allerdings werden auch Bedenken formuliert, die dann noch einmal aufgelöst werden.

D3w: 85. Könnte ja auch Angst haben, dass die Leute sagen, der lügt, der erzählt bloß schlechte Sachen, der möchte bloß, dass er dann seinen guten Ruf wieder her kriegt und so.

Bm: 89. Also ich würde die Geschichte auch weiter erzählen, vielleicht nicht direkt an die, vielleicht an andere, weil der Gott hatte ja auch Gehilfen, also die Engel, die auf seiner Seite waren, die haben ihm ja auch geholfen und zusammen ist man ja auch stärker.

Selbstverständlich kann man nicht behaupten, dass die Schülerinnen und Schüler den Mythos als verbindliche Leitvorstellung für die Wahrnehmung von Leid und Böses akzeptiert haben. Aber man kann doch erkennen, dass sie in der Auseinandersetzung mit dieser mythologischen Erzählung eine problematische und eher unverständliche und irritierende Lebenssituation in eine allgemeinere Geschichte aufgehoben, dabei neu Zusammenhänge hergestellt, Selbstbilder formuliert, Hoffnung benannt und Handlungsperspektiven entwickelt haben. Offenbar hat der Mythos die Fähigkeit, elementare Lebensfragen zumindest auf Zeit zu beantworten, Identität zu formulieren, neues Nachdenken anzustoßen.[131]

7. Brauchen auch Erwachsene Mythen?

Abschließend ist zu bedenken, ob dieser Ertrag an die „mythisch-wörtliche Stufe des Glaubens" gebunden ist. Fowler rechnet gerade in diesem Alter mit narrativen Sinndeutungen. Wenn Heranwachsende ihre Erlebnisse deuten, dann geschieht dies in Form von Erzählungen.

Die Frage ist, wie Jugendliche und junge Erwachsene auf der Stufe des Deismus[132] und auf einer „synthetisch-konventionellen" oder „individualisierend-reflektierenden" Glaubensstufe[133] eine solche Erzählung rezipieren. Denkbar ist, dass sie den Mythos als unglaubwürdig ablehnen und eine Auslegung der Symbolik verweigern – obgleich sie solche Mythen in der Unterhaltungskultur gerne betrachten.[134]

Gespräche mit Studierenden führten zu heftigen Auseinandersetzungen über den Dualismus in der Erzählung, aber auch zu der Frage, ob es Engel gibt und wie es mit der Zukunft der Welt steht. Sie bleiben nicht in dem Mythos wie die 11-Jährigen, sondern griffen sich rasch die in ihren Augen und Ohren „heiklen" Aussagen heraus. Für die einen aktivierte der Mythos elementare Lebensfragen und die Bitte um tragfähige Antworten. Für die anderen forderte der Mythos dazu heraus, andere Leitvorstellungen entgegenzuhalten. Der biblische Mythos führte zur Expli-

---

[131] Es dürfte sich lohnen, diesen Prozess einmal mithilfe des therapeutischen Konzeptes des „reframing" zu deuten. „Bei dieser Methode wird einem Geschehen dadurch ein anderer Sinn gegeben, dass man es in einen anderen Rahmen (engl. ′frame′) stellt, einen Rahmen, der die Bedeutung des Geschehens verändert." Arist von Schlippe/Jochen Schweitzer: Lehrbuch der systemischen Therapie und Beratung. Göttingen u.a. 1996, 177.
[132] Vgl. Fritz Oser: Wieviel Religion braucht der Mensch? a.a.O., 46.
[133] Vgl. James Fowler a.a.O., 167-201.
[134] So erzählt der vielbeachtete Film „Terminator II" von dem apokalyptischen Kampf eines Schutzengels gegen einen Abgesandten des Bösen, der den kommenden Retter J.C. und seine Mutter umbringen will. Der Film spricht elementare Ängste vor einem Weltuntergang an, sowie die Hoffnung auf einen messianischen Erlöser und einen mächtigen Begleiter. Er gibt diesen Ängsten symbolischen Ausdruck und vermittelt Hoffnung auf Rettung und Heil angesichts zerstörerischer, lebensfeindlicher Gewalt gleichzeitig aber auch die Notwendigkeit von Kampf. Gerade männliche Jugendliche werden hier angesprochen. Vgl. Eckart Gottwald: Die widerständige Sehnsucht nach dem Mythos, Ev. Erz. 1992, 585-599.

kation eigener Mythen! Möglicherweise brauchen Erwachsene Mythen, um über ihre eigenen Leitvorstellungen zu sprechen.[135]

---

[135] Darauf weist m.E. Paul Tillich a.a.O., 63, wenn er betont: "Man kann einen Mythos durch einen anderen ersetzen, aber man kann den Mythos nicht aus dem geistigen Leben des Menschen entfernen. Denn Mythos ist die Verbindung von Symbolen, die ausdrücken, was uns unbedingt angeht."

7. Wie können Kinder Theologen sein?

Bemerkungen aus philosophischer Perspektive

Hans-Bernhard Petermann

„*...der Mann (war) jetzt traurig. Er sollte zu Gott beten und ihn fragen, warum er das gemacht hat. Dann würde Gott es ihm bestimmt sagen. Und er würde Gottes Sage annehmen. Er sollte dann das tun, was er sagt.*"[136] – Keine Frage, in diesem Votum eines 10-jährigen Mädchens vollzieht sich theologisches Denken, in unmittelbarer Betroffenheit geäußert und nicht bewusst einen Gedankenprozess konstruierend, aber doch in aller Ernsthaftigkeit und in einem zumindest für uns klar strukturierten Gang der Gedanken: Auf eine *Erfahrung* (1) folgt als erste Ebene der *Auseinandersetzung* (2) diese Erfahrung vor Gott zu tragen, sagen wir zunächst, vor eine unsere Erfahrungen übersteigende Instanz, die für diese Erfahrung die Verantwortung zu tragen scheint, weil eine unmittelbar greifbare Verantwortung nicht auszumachen ist. In dieser Auseinandersetzung scheint drittens die Begegnung mit Gott *dialogische* Züge (3) anzunehmen, von Frage und Sage ist die Rede: In der Frage erfahre ich einen Widerpart, dem ich meine Frage stellen kann, und mit dieser weiteren Erfahrung widerfährt mir ein Sagen, als Antwort auf mein Fragen, aber auch als Horizont, unter dem Fragen überhaupt nur möglich und sinnvoll ist und sich als Anfragen erweist. Damit ist mir viertens die Möglichkeit eröffnet, die „Sage" *anzunehmen* (4) und so in meine ursprüngliche Erfahrung zu integrieren, also als ein Widerfahrnis in Bezug auf mich selbst zu verstehen. Das heißt noch nicht, diese ursprüngliche Erfahrung auch schon akzeptieren oder gar mit ihr fertig werden zu können; es folgt aber noch die letzte Ebene: Wenn ich nun tue, was mir gesagt wurde, bin ich bereits unterwegs, gehe einen Weg der *Auseinandersetzung* (5).

Diese Rekonstruktion ordnet die Antwort des Mädchens bewusst nicht in ein bestimmtes Theodizee-Schema ein.[137] Mich interessiert vielmehr, a) *dass* sich hier ein theologisch interessanter und *differenzierter Gedankengang* herauslesen lässt, b) dass und warum dieser Gedankengang von einem *Kind* als *unmittelbarer* Gedanke geäußert wurde, und c) dass bzw. wie und warum Kinder zu solchen Gedanken einerseits *motiviert* und andererseits mit ihnen ihr Gedanke *weitergedacht* werden könnte.

Mit diesem kurzen Aufriss ist eigentlich schon alles gesagt: Kinder sind Theologen. Nun steht neben dem pädagogischen Sinn dieser Behauptung auch ihr philosophischer zur Debatte; zu fragen ist daher auch, was genauer gemeint ist, wenn

---
[136] Unterrichtsprotokoll „Theodizee in der 4. Klasse..." im Beitrag von Büttner/Rupp in diesem Band, 27, Notiz Mädchen 1.
[137] Vgl. dazu die entsprechenden Bemerkungen von Gerhard Büttner in diesem Band, 30f.

Kinder theologisieren, also inwiefern, auf welcher Ebene sie theologische Gedanken zu äußern in der Lage sind. Einige Blicke in diese Richtung zu werfen, dieser Aufgabe stellt sich mein folgender Beitrag. Dazu ist es in einem ersten Abschnitt (1.) wichtig, sich genauer des Titels „Theologisieren mit Kindern" zu vergewissern. Das wird geschehen (1.1.) durch eine Skizze der Bewegung des Philosophierens mit Kindern, die den Hintergrund für unser Thema bietet, (1.2) durch eine kurze Klarstellung der Pointe der Rede von einer Theologie der Kinder. In einem zweiten Abschnitt (2.) geht es um eine knappe systematische Orientierung zur Frage, warum und inwiefern Philosophie im kindlichen Denken eine Grundlage hat; damit wird der Horizont abgesteckt, an dem sich auch ein Theologisieren mit Kindern zu messen hat. Ein dritter Abschnitt (3.) entwickelt dann in wenigen Andeutungen Perspektiven zu einer Theologie der Kinder. Mit den in (2.) und (3.) zusammengestellten Kriterien werden dann im vierten Abschnitt (4.) die Unterrichtsbeispiele kommentiert, mit der Zielsetzung, Sinnvolles und Machbares festzuhalten, sowie kritisch einige Perspektiven für eine Fortbildung des Theologisierens mit Kindern zu entwerfen, was in thesenhafter Form den Abschluss (5.) dieses Beitrags bildet.

1.

Bedenkt man die Fragestellung *Wie können Kinder Theologen sein?*, so ist das Thema damit noch nicht genau genug umrissen. Der hier unterstellte Zusammenhang von Kinderfragen und Theologie lässt mehrere Deutungen zu: Geht es um eine Theologie für Kinder, eine Theologie der Kinder, ein Theologisieren mit Kindern? Dahinter verbergen sich spezifischere Fragestellungen: Sind Kinder eigenständig und kindgemäß in der Lage, theologische Gedanken zu fassen und zu formulieren? Inwiefern hängen sog. elementare Fragen, wie in besonderem Maße Kinder sie zu stellen scheinen, mit Grundfragen der Theologie zusammen? Warum macht es insofern Sinn, nicht von einer Theologie für Kinder, sondern von einer Theologie der Kinder zu sprechen? Sind dann Kinder als Theologen anzusehen, bzw. inwiefern sind sie als Theologen anzusehen? Und wie, auf welchen Ebenen, mit welchen Mitteln kann es gelingen, mit Kindern in einen Gedankenaustausch über theologische Fragen zu kommen, die auch ihre eigenen theologischen Fragen sind? Und hat das schließlich Konsequenzen für das Selbstverständnis von Theologie?

1.1. Philosophieren mit Kindern als Hintergrund der Fragestellung

Die Formulierung der eben aufgeworfenen Fragen lässt erkennen, dass sie im Horizont der Bewegung des Philosophierens mit Kindern entwickelt worden sind. Ich will daher kurz über wichtige Richtungen orientieren, um so die Akzentsetzung des Titels „Theologisieren mit Kindern" zu verdeutlichen.

Als neuere Erscheinung geht das Philosophieren mit Kindern zurück auf Initiativen von Matthew Lipman und sein 1970 in den USA gegründetes „Institute for the Advancement of Philosophy for Children" (IAPC). Lipman konnte dabei auf reformpädagogische Erfahrungen in Deutschland zu Beginn des 20. Jh. zurückgreifen, namentlich auf Hermann Nohl[138] und Leonard Nelson[139], aber auch auf Überlegungen im Pragmatismus von John Dewey[140]. Von ihnen übernahm er vor allem die Zielsetzung, das logische Denken, die Verstandestätigkeit der Kinder zu stärken, sowohl was Gegenstände der Erkenntnis angeht als auch Gegenstände des (moralischen) Handelns. In seiner Didaktik bleibt Lipman jedoch eher dem traditionellen Muster des Beibringens und Unterweisens verhaftet, so dass sein Ansatz nicht unberechtigt als eine „Philosophie *für* Kinder"[141] eingeordnet wird. Inzwischen hat diese Bewegung Schüler in aller Welt hervorgebracht. International bekannt geworden ist vor allem das österreichische Institut in Graz mit Daniela Camhy[142] und die Bewegung in Australien mit Phil Cam[143]. In der Fortentwicklung des Lipmanschen Ansatzes wurde das Missverständnis einer verkindlichten Form von Philosophie für die Unterweisung lediglich in der Schule relativiert bzw. aufgehoben, zumal Lipmans wegweisende Materialien[144] selbst keineswegs einen bloß unterweisenden Charakter haben, sondern sowohl in der Anlage der Texte als auch hinsichtlich der Möglichkeiten ihrer Aufarbeitung deutlich dialogisch-interaktiv ausgerichtet sind.

In Deutschland hat seit Beginn der 80er-Jahre vor allem Ekkehard Martens in Hamburg das Philosophieren mit Kindern gefördert. Von vornherein verstand er dabei Kinder als Subjekte des Philosophierens und legte entsprechend Wert darauf, bei ihnen auch die „Haltung der Neugier und Offenheit", aber auch die Dialogfähigkeit zu fördern.[145] Unter dieser Zielsetzung hat dann Barbara Brüning seit 1984 in Hamburg Philosophie-Gruppen mit Kindern geleitet.[146] Mit der Einführung der „Verlässlichen Halbtagsgrundschule" wurde Philosophieren mit Kindern 1997 sogar (Wahl-) Schulfach in Hamburg.[147] Schon zuvor hatte, ausgehend von den Hamburger Überlegungen, das Land Mecklenburg-Vorpommern „Philoso-

---

[138] Herman Nohl: Die Philosophie in der Schule. 1922, in: ders.: Pädagogik aus dreißig Jahren. Ffm 1949.
[139] Leonard Nelson: Die sokratische Methode. 1922, hg. v. G. Raupach-Strey. Kassel 1996.
[140] Vgl. etwa John Dewey: Wie wir denken. Eine Untersuchung über die Beziehung des reflexiven Denkens zum Prozeß der Erziehung. Zürich 1951 (amerik.: How we Think. Boston 1910); und: Demokratie und Erziehung (1915). Weinheim 1993.
[141] Bezeichnend dafür ist auch der gleichnamige programmatische Aufsatz Lipmans aus dem Jahr 1970 sowie die unter dem Titel „Thinking. The Journal of Philosophy for Children." seit 1979 von Lipman herausgegebene Zeitschrift (Montclair, New Jersey /USA).
[142] Daniela Camhy (Hg): Wenn Kinder philosophieren. Graz 1990 und dies.: Das philosophische Denken von Kindern. St.Augustin 1994.
[143] Auf deutsch ist erschienen z.B. Phil Cam: Können Augen sehen? Mülheim 1997.
[144] Matthew Lipman: Pixie. dt.: Wien 1986 [für die Primarstufe] und ders.: Harry Stottlemeiers Entdeckung. dt.: Wien 1990 [für die S I].
[145] Ekkehard Martens: Sich im Denken orientieren. Philosophische Anfangsschritte mit Kindern. Hannover 1990, 6. Das Buch ist in einer revidierten Fassung neu aufgelegt unter dem Titel: Philosophieren mit Kindern. Eine Einführung in die Philosophie. Stuttgart 1999.
[146] Barbara Brüning: Mit dem Kompass durch das Labyrinth der Welt. Wie Kinder wichtigen Lebensfragen auf die Spur kommen. Bad Münder 1990.
[147] Philosophieren in der Verläßlichen Halbtagsgrundschule. Eine Dokumentation von Praxiserfahrungen. Erarbeitet vom Arbeitskreis Kristina Calvert, Evelina Ivanova, Cristine Kipping, Angelika Maier, Ekkehard Martens, Eberhard Ritz (Leitung), Markus Tiedemann. Hamburg 1997. Vgl. dazu auch das Lese-Buch von Markus Tiedemann: Prinzessin Metaphysika. Eine fantastische Reise durch die Philosophie. Hildesheim 1999.

phieren mit Kindern" als ordentliches Unterrichtsfach ab Klasse 1 projektiert und inzwischen auch eingeführt.[148]

Über die Insider hinaus bekannt gemacht hat das Philosophieren mit Kindern dann der Berliner Pädagogikprofessor Hans-Ludwig Freese, vor allem mit seinem programmatischen Buch „Kinder sind Philosophen"[149], das den bislang vielleicht besten Überblick und auch eine sehr gute Einführung in die Thematik bietet; weitere Bände mit Material für die Praxis folgten.[150] Freese geht in seinem Verständnis vom ganz naiven kindlichen Staunen aus, hinter dem er jene Fragen vermutet, die auch die metaphysische Tradition der Philosophie bewegt haben. Dieses Staunen nicht entwicklungspsychologisch als Vorstufe zum Denken anzusehen, es vielmehr als eigenständige Denkform ernst zu nehmen und durch Gespräche zu fördern und zu entwickeln, das ist ebenso das Anliegen des Amerikaners Gareth B. Matthews, dessen erste Bücher Freese in Deutschland bekannt gemacht hat.[151] Matthews beginnt seine Gespräche mit Kindern durch kleine dialogisch und interaktiv angelegte Impulsgeschichten, die überzeugend die Eigentätigkeit kindlichen Denkens und das Gespräch auch unter den Kindern selbst freisetzen.

Natürlich kann, auch darauf hat Freese hingewiesen, das Philosophieren mit Kindern auf eine lange Tradition zurückblicken: Nicht erst in der Reformpädagogik zu Beginn des 20. Jh., bereits in der Aufklärungszeit hat es entsprechende Erziehungsprogramme gegeben. Zu nennen sind vor allem die Namen John Locke, Jean-Jacques Rousseau und Karl-Philipp Moritz[152]. Aber auch schon in der Antike scheint beispielsweise Epikur das Philosophieren mit Kindern ausdrücklich unterstützt zu haben.

Unter den besonderen Perspektiven des staunenden, beobachtenden und entdeckenden Lernens im Sachunterricht hat Helmut Schreier wichtige Materialien für das Philosophieren mit Kindern zusammengestellt.[153] – Das Staunen über die Dinge der unmittelbaren Erfahrung, nicht zuletzt über die Schulung der sinnlichen Wahrnehmung ist ein wichtiges Element auch für Eva Zoller, die seit 1987 in der Schweiz eine Dokumentationsstelle für das Philosophieren vor allem mit Vor-

---

[148] Namentlich zu nennen sind in diesem Zusammenhang Barbara Brüning, Michael Fröhlich, Heiner Hastedt und Silke Pfeiffer. Vgl. dazu: Philosophieren in der Grundschule. Rostocker Philos. Manuskripte. NF, Heft 7, Hg. v. H. Hastedt u.a.. Rostock 1999; sowie in der gleichen Reihe das Heft 3: Philosophieren mit Kindern. Rostock 1996.
[149] Hans-Ludwig Freese: Kinder sind Philosophen. Weinheim 1989 [inzwischen mehrere Nachdrucke].
[150] Ders. (Hg.): Gedankenreisen. Philosophische Texte für Jugendliche und Neugierige. Reinbek 1990 und ders.: Abenteuer im Kopf. Philosophische Gedankenexperimente. Weinheim 1995.
[151] Gareth B. Matthews: Philosophische Gespräche mit Kindern. Berlin 1989 (amerik: 1984) und ders.: Denkproben. Berlin 1991 (amerik: Philosophy and the Young Child 1980).
[152] Vgl. dazu jetzt neu als Bilderbuch von Wolf Erlbruch bearbeitet: Karl Philipp Moritz: Neues ABC-Buch. München 2000 (original 1790).
[153] Helmut Schreier: Himmel, Erde und ich. Geschichten zum Nachdenken über den Sinn des Lebens, den Wert der Dinge und die Erkenntnis der Welt. Heinsberg 1993, sowie der entsprechende Kommentarband. – Zu nennen sind in diesem Zusammenhang auch die didaktischen Überlegungen des Reformpädagogen Martin Wagenschein für den Bereich der Physik, gut zugänglich etwa in dem Bändchen: Verstehen lernen. Genetisch – Sokratisch – Exemplarisch. Weinheim 1968 (als TB 1999).

schulkindern aufgebaut hat.[154] – Gleichwohl kann nicht jede Auseinandersetzung mit kindlichem Fragen schon Philosophie genannt werden; viele Publikationen sind eher (durchaus wertvolle) pädagogische Ratgeber oder Problembücher.[155] Dass neben philosophischen Texten und Geschichten auch literarische Texte und sogar Bilder Impulse für das Philosophieren bieten, das haben vor allem Jutta Kähler und Susanne Nordhofen wiederholt herausgestellt.[156] Zu Möglichkeiten des Philosophierens in und mit Bilderbüchern habe ich selbst diverse Seminare durchgeführt.[157] Im Bereich der Kinderliteratur sind in den letzten Jahren in der Tat relativ viele philosophisch interessante, zuweilen auch direkt philosophisch gestaltete Titel auf den Markt gekommen. Für ein Philosophieren mit Kindern sind dabei Bücher, die eher auf Sachbuchebene Philosophie zum Thema machen, weniger interessant, so der weithin überschätzte Bestseller „Sofies Welt"[158]; bedeutender sind Versuche, die Philosophie, besser Philosophieren in der Textgestalt selbst anlegen und so den Leser zum philosophischen Mitdenken animieren. Zu nennen ist hier an vorderster Stelle ein Autor wie Jürg Schubiger.[159]

Fest institutionalisiert ist das Philosophieren mit Kindern in Deutschland bislang in Mecklenburg-Vorpommern als ordentliches Schulfach, als Philosophie für die Sekundarstufe I auch in Schleswig-Holstein, für die Grundschule im Ergänzungsbereich in Hamburg. Andere Bundesländer, auch Baden-Württemberg, das bislang einen Ethik-Unterricht erst ab Klasse 8 vorsieht, überlegen jedoch, Ansätze des Philosophierens mit Kindern in die Curricula der Philosophie- bzw. Ethik-Lehrpläne einzubauen. An Hochschulen werden Lehramtsstudierende freilich nur sehr sporadisch auf solche Aufgaben vorbereitet. Regelmäßig und auf der Grundlage curricularer Konzepte bieten Veranstaltungen zum Philosophieren mit Kindern

---

[154] Am bekanntesten ist ihr anregendes Buch: Eva Zoller: Die kleinen Philosophen. Vom Umgang mit „schwierigen" Fragen. Zürich 1991 (als TB 1995).

[155] Zu nennen wären hier Bücher wie: Benita Glage: „Warum bleibt der Gott im Himmel?" Mit Kindern über das Leben nachdenken. München 1992 oder: Carola Schuster-Brink: Kinderfragen kennen kein Tabu. Ravensburg 1991 oder auch: Raimund Pousset: Sicher antworten auf Kinderfragen. Wuppertal 1993. – Nicht gilt das für das verdienstvolle Buch von Rainer Oberthür: Kinder und die großen Fragen. Ein Praxisbuch für den Religionsunterricht. München 1995; Oberthür hat sich nicht nur mit philosophischen Hintergründen auseinander gesetzt, sondern arbeitet in seinen Praxismodellen durchaus mit philosophischen Rastern.

[156] Jutta Kähler/Susanne Nordhofen: Geschichten zum Philosophieren. Stuttgart 1994. Vgl. auch diverse einschlägige Aufsätze der Autorinnen in der „Zeitschrift für Didaktik der Philosophie und Ethik".

[157] In Vorbereitung ist das Buch: H.-B. Petermann: „Kann ein Hering ertrinken?" Philosophieren mit Bilderbüchern. Vorliegend ist bereits der kurze Aufsatz: „Die Welt ist alles, was der Fall ist". Philosophische Konstruktion von Wirklichkeit im Bilderbuch „Der Füsch" von Hanna Johansen und R. Susanne Berner in: Eselsohr (2) 1996.

[158] Jostein Gaarder: Sofies Welt. München 1993 (norw. 1991). Das Buch bleibt entgegen seinem Anspruch eher auf der informierenden Sachebene, dringt kaum vor zu einem dialogischen Philosophieren. Geeigneter für das eigenständige Philosophieren, wenngleich erst für Fortgeschrittene, ist demgegenüber ein Buch wie das von Nora K. und Vittorio Hösle: Das Café der toten Philosophen. Ein philosophischer Briefwechsel für Kinder und Erwachsene. München 1996.

[159] Jürg Schubiger: Als die Welt noch jung war. Weinheim 1996 und ders.: Mutter, Vater, ich und sie. Weinheim 1997. Zum Unterschied zwischen Philosophie als Thema in der Kinderliteratur und Philosophie(ren) in der Kinderliteratur vgl. auch Bernhard Rank: Philosophie als Thema von Kinder- und Jugendliteratur, in: Günter Lange (Hg.): Taschenbuch der Kinder- und Jugendliteratur. Bd. 2, Hohengehren 2000, 799 ff.

zur Zeit wohl nur die Universität Rostock im Rahmen der Lehrerfortbildung (Barbara Brüning/ Silke Pfeiffer/ Michael Fröhlich) und bereits seit 1991 die Pädagogische Hochschule Heidelberg (H.-B. Petermann) an. Außerschulisch gibt es demgegenüber eine Vielzahl von Initiativen von Eltern und Erzieherinnen.[160] – 1997 hat sich in Bremen im „Fachverband Philosophie" eine „Kommission Philosophieren mit Kindern" konstituiert[161], die 1998 in Heidelberg eine erste Fachtagung durchführte, an der die meisten genannten Personen direkt oder mittelbar teilnahmen.[162]

Das Ergebnis: Zumindest in Deutschland hat sich inzwischen die Nomenklatur „Philosophieren mit Kindern" durchgesetzt, einerseits um gegen das Missverständnis einer bloß unterweisenden Philosophie für Kinder die philosophische Eigentätigkeit der Kinder hervorzuheben, andererseits um gegen ein bloßes Zur-Kenntnis-Nehmen philosophischer Gedanken den dialogischen, interaktiven und prozessualen Charakter des Philosophierens hervorzuheben, der gerade im Umgang mit Kindern die notwendige Bedingung bietet, dass sie philosophisches Denken zur Entfaltung bringen können.

1.2. Warum eine Theologie der Kinder?

Das „Theologisieren mit Kindern" ist dem beschriebenen Anspruch eines „Philosophierens mit Kindern" entlehnt: Kinder selbst sind Subjekte und Akteure des Nachdenkens, erhalten von uns dazu lediglich Anregungen und Impulse. Aber auch die philosophische Abwehr gegen das Missverständnis einer (auf kindliches Niveau vereinfachten) Philosophie für Kinder oder gar einer (mit despektierlichem Unterton affizierten) Kinderphilosophie (vgl. dazu unten Abschnitt 2) hat Parallelen in der Theologie, freilich mit innertheologischer Pointe: Wenn von einer Theologie der Kinder und nicht von einer Theologie für Kinder die Rede sein soll, wird damit letztlich gegen eine Theologie der Kleriker eine Theologie der Laien eingeklagt, gegen ein lediglich katechetisch-unterweisendes Verständnis ein dialogisch-interaktives Verständnis von Theologie. Unter Bezug auf Bilder wie die des allgemeinen Priestertums oder von Kirche als Volk Gottes dürfte ein solcher Ansatz eigentlich nahe liegen. Gleichwohl tut sich die Religionspädagogik und Katechetik bis heute nicht so leicht damit, Kinder nicht als Adressaten von Glaubens-Unterweisung anzusehen, sondern ernst zu nehmen als Subjekte des Glaubens.[163] Eben dies aber wird vorausgesetzt, wenn zur Debatte steht, wie Kinder Theologen sein können. Denn nicht bzw. weniger um die Frage geht es, inwieweit Kindern theologische Gedanken zuzumuten sind, sondern darum, inwieweit in originär kindlichem Denken und Fragen sich grundlegende theologische Fragestellungen verbergen. Unter dieser Fragestellung vor allem sind auch die in

---

[160] Seit vielen Jahren bereits hält etwa Mechthild Ralla in Achern regelmäßig Kurse zum Thema; vgl. dazu H.J. Werner/E. Marsal/M. Ralla: Philosophieren mit Kindern? Begriff, Konzepte, Erfahrungen, in: Lehren und Lernen (6) 1997, 16ff.
[161] Sprecherin ist Jutta Kähler, Adolfplatz 1, 23568 Lübeck.
[162] Vgl. den Bericht von Jutta Kähler: Philosophieren mit Kindern, in: ZDPE (2) 1998, 143 ff.
[163] Zum pädagogischen Paradigmenwechsel, die Kinder als Subjekte vgl. z.B. Gerd E. Schäfer: Aus der Perspektive des Kindes, in: Neue Sammlung (3) 1997, 377 ff. oder: M.-S. Honig (Hg.): Kindheiten. Bd.7, Weinheim 1996.

diesem Band wiedergegebenen Gespräche mit Kindern von Interesse bzw. sollten kritisch geprüft werden.

2.

Der Zusammenhang von Kindertheologie und Kinderphilosophie liegt in der Annahme eigentümlicher Denkleistungen bzw. Leistungen des Erfassens und der elementaren Erfahrung von Wirklichkeit, die Kinder und Theoretiker miteinander verbinde. Aus philosophischer Sicht ist daher im folgenden Abschnitt zunächst (2.1.) Aufklärung darüber geboten, warum überhaupt elementares, grundsätzliches Fragen einerseits und Philosophieren als wissenschaftliches Nachdenken andererseits zusammenhängen, um dann (2.2.) einige Ebenen zu beschreiben, auf denen es sinnvoll ist, Kinderäußerungen als solche elementare, grundsätzliche Äußerungen zu verstehen.

2.1. Was haben elementares Fragen und Philosophie miteinander zu tun?

Der Mensch ist ein Fragewesen. Ganz grundlegend ist sein Leben davon gekennzeichnet, nicht nur einfach zu leben, sondern das Gelebte auch zu erleben, in ständiger Auseinandersetzung mit dem Leben zu stehen. Ja, wir würden als Menschen gar nicht leben können ohne diese Auseinandersetzung, unser Leben ist davon abhängig, es auch mehr oder weniger bewusst zu gestalten. Der alte Mythos von Prometheus, den uns Platon überliefert, sieht den Menschen entsprechend nackt und ohne natürliche Mittel zur Lebenserhaltung geboren, so dass nicht die Natur selbst, sondern einzig die Kunst, die Kunst das Leben zu führen, ihn am Leben zu erhalten vermag.[164] Stets stehen wir darum uns selbst, steht uns unsere Mitwelt, die Umwelt und auch ein möglicher Horizont und Grund von Welt zur Frage, zur Disposition. In der Begegnung mit irgendetwas nehmen wir dies nie einfach nur hin, sondern nehmen es immer schon wahr, deuten, ordnen ein, gehen um damit. So drängen sich in alltäglichen Erfahrungen wie von selbst Fragen auf wie: Warum scheint die Sonne, warum verliert der Baum seine Blätter, warum esse ich, warum stirbt der Vogel? Solche Fragen haben elementaren Charakter; elementar sind sie, weil das, was mich fragen lässt, grundlegend ist für mein Leben wie auch solches Fragen selbst; was erfragt wird und das Fragen selbst sollen Orientierung bieten. Größere Fragen schließen sich hier erst an: Warum heißt dieses Tisch, jenes Stuhl; gibt es einen oder viele Himmel; wie kommt das Haus da in mein Auge usf.; und auch schwierigere: Wo bin ich, wenn ich schlafe; wo war ich, als die Mama Kind war; kann meine Katze mich verstehen; warum darf ich nicht immer tun, was ich will? usf. Erst ganz spät dagegen kommen die sog. großen Fragen: Wer bin ich, woher komme ich, wohin gehe ich, was ist Welt ... ?[165]

---

[164] Vgl. Platon: Protagoras. 320b ff.
[165] Aus eben diesem Grunde habe ich vorgeschlagen, bei den philosophisch interessanten Fragen nicht von großen (so Oberthür, vgl. Anm. 155) oder gar schwierigen (so Zoller, vgl. Anm. 154) und auch nicht von letzten (so Willi Oelmüller: Philosophische Aufklärung. München 1994, 32 f.) zu sprechen, sondern von elementaren. Vgl. dazu H.-B. Petermann: Religion zur Sprache bringen. Lehraufgaben im Bereich Religion aus philosophiedidaktischer Perspektive, in: U.

Ist so zu fragen Philosophie? Gewiss (noch) nicht: Obwohl man unmittelbar unterstellen mag, eben dies, elementare Fragen zu stellen, das sei Philosophie, leuchtet bei näherem Betrachten ein, dass ja, wie eben erläutert, eigentlich jeder Mensch so fragt; doch nicht jeder Mensch ist auch Philosoph. Philosophie ist vielmehr von alters her immer (auch) Wissenschaft. Und doch ist es nahezu eine Definition von Philosophie, dass sie die Wissenschaft vom elementaren Fragestellen sei. Wie das? Wissenschaft ist Philosophie in einem ganz eigentümlichen Sinne: Im Unterschied auch zur Theologie ist sie von einem besonderen, allen anderen Wissenschaften zunächst nicht eigenen Wissenschaftsbegriff geprägt. Der Name „Philosophie" bereits gibt darüber Auskunft: Keineswegs mit einem logos tês sophias, also einer Weisheitslehre bzw. einer Lehre von dem, was das letzte Prinzip von allem ist, haben wir es zu tun, sondern mit einer philia, einer Liebe oder einer ständigen Zugewandtheit und Auseinandersetzung mit dem, was denn das sophon sei. In ihrem tiefsten Selbstverständnis also ist Philosophie weder Weisheitslehre im Sinne einer Versammlung bestimmter Weisheiten, noch Weisheitslehre im Sinne einer Systematik oder Enzyklopädie oder einer begrifflichen Bestimmung dessen, was Weisheit ist, unter Voraussetzung eines als Weisheit klar benennbaren Gegenstandes, sondern die ständige Auseinandersetzung, das elementare Suchen, der Versuch möglicher Antwort, auch das Infragestellen und die Kritik dessen, was überhaupt jenes sophon sei und warum wir uns so gebannt damit auseinandersetzen.

Drei Ebenen charakterisieren jenes Fragen genauer: Zuvorderst artikuliert sich Philosophie auf der Ebene des Staunens und des Sich-Wunderns, dass alles so ist, wie es ist. In diesen Kontext gehören auch die Traditionen der *Weisheit*, die erste eher mythische, symbolisch-bildhaft auf das Geheimnis dieses Fragens bezogene, aber noch nicht bewusst als Erkenntnis, gar begrifflich als Reflexion sich formulierende, sondern unmittelbar der Orientierung dienende Antworten versuchen. Doch auch die *Philosophie* hat, wie Platon und Aristoteles meinten, in nichts anderem als diesem fragenden, noch ganz in der Geheimnishaftigkeit ihres Gegenstands befangenen Staunen ihren Ursprung.[166] Aber an solchen Fragen entzündet sich Philosophie lediglich. Die Fähigkeit sich zu wundern, ist eben noch nicht Philosophieren oder gar das einzige, was wir brauchen, um gute Philosophen zu sein.[167] Philosophie im eigentlichen Sinne der philo-sophia, des ausdrücklichen und reflektierten *Bezugs* auf die Weisheit, ist erst der kritische und der Form des eigenen Fragens bewusste Bezug auf diese Fragen. Dies ist die zweite Ebene philosophischen Fragens. Als Denken des Denkens und nicht nur einfach Nachdenken von etwas Vorgestelltem, ist Philosophie daher wesentlich immer auch *Wissenschaft*. Der ihr eigentümliche Wissenschaftsbegriff lässt sich zusammenfassen in die vier Ebenen der Kritik: (1) das selbst denkende, (2) das Unterscheidungen, Differenzierungen und Alternativen aufwerfende, (3) das zur Entscheidung fähige, ins Leben eingreifende, sowie (4) das Leben auch konkretisierende und an der Wirklichkeit des Lebens sich je neu brechende Denken. Als Wissenschaft unter-

---

Bubenheimer/D. Fauth (Hg.): Hochschullehre und Religion. Perspektiven verschiedener Fachdisziplinen. Würzburg 2000, Abschnitt 1.4.

[166] Vgl. Platon: Theaitetos 155d, und Aristoteles: Metaphysik 982b.
[167] Zumindest missverständlich formuliert so Jostein Gaarder an zentraler Stelle sein Verständnis von Philosophie: Jostein Gaarder: Sofies Welt. München 1993, 23.

scheidet sich Philosophie grundsätzlich von bloßer Weltanschauung, von bereits antwortender Weisheit und Mythologie, aber, und damit kommen wir zur dritten Ebene philosophischen Fragens, auch von jeglicher Form von Ideologie. Denn ihres eigenen Denkens bewusst weiß sie auch um ihre prinzipielle Grenze, die sie in einem vom Denken nie einzuholenden, dem Denken vorausgesetzten Grund allen Denkens hat. Darum ist sie immer auch Wissen des *Nichtwissens* und daher wesentlich skeptisch und kritisch gegen sogenannte Letztantworten. Dies aber ist sie als Wissende und darum *Wissen* des Nichtwissens.

Unüberholt klar hat dieses Verständnis Aristoteles in wenige Worte gebracht: *„Weil sie nämlich in Erstaunen gerieten, philosophierten die Menschen zuerst wie jetzt noch von Grund auf; das zufällig zur Hand liegende ist es, was grundsätzlich sie staunen machte, und zwar weil es ihnen unerklärlich ist. – Allmählich machten sie auf diese Weise Fortschritte und stellten sich über größere Zusammenhänge Fragen, etwa über die Affektionen des Mondes und die von Sonne und Sternen und über die Entstehung von Allem. – Der jedoch, der voller Fragen ist und sich wundert, vermeint in Unkenntnis zu sein. (So ist auch ein Liebhaber von Mythen in gewisser Hinsicht ein Liebhaber des Sophon, ein Philosoph, setzt sich doch ein Mythos aus Wunderbarem zusammen.) Philosophierte man also, um der Unwissenheit zu entkommen, so suchte man offenbar das Verstehen, um zur Einsicht zu kommen, keineswegs aber um eines Nutzens willen ... Alle nämlich beginnen mit der Verwunderung, dass die Dinge so sind, wie sie sind ..."*[168] – Beachtenswert ist dieses Zitat einerseits, weil es als Philosophie den gesamten Prozess der Ebenen vom unmittelbaren erstaunten Fragen über das Verstehen von Zusammenhängen zur reflektierten, auch des Nichtwissens bewussten Einsicht beschreibt[169] und nicht nur bei der schlichten Behauptung eines Zusammenhangs von Staunen und Philosophieren stehen bleibt. Andererseits fundiert Aristoteles Philosophie in einem Staunen, das dem, was das Staunen erregt, gänzlich ausgeliefert bleibt. Damit gründet Aristoteles Philosophie elementar im Staunen, das jeglichen Akt des Philosophierens wesentlich bestimmt, ohne das Philosophie nicht ist, was sie ist. Und weiterhin bindet er jede Gestalt bzw. jedes System von Philosophie an den Akt des Weiterfragens, also an das Philosophieren als Tätigkeit des Denkens, so dass kein Philosoph genannt werden kann, der nicht in dieser grundlegenden Weise philosophierend tätig ist.

Auf dem Hintergrund dieses Zusammenhangs hat Kant, der wie kaum ein zweiter das Geschäft des Philosophierens auf den Begriff gebracht hat, zwischen einem Schulbegriff und einem Weltbegriff von Philosophie unterschieden.[170] Der Schulbegriff zielt, ausgehend von jenem Wissen des Nichtwissens, auf den der kriti-

---

[168] Aristoteles: Metaphysik 982b in einer die Nuancen des Textes verdeutlichenden Übertragung des Autors.
[169] In meinen Seminaren habe ich diese Auslegung in Ebenen vom Staunen zum Denken einer weiteren Differenzierung unterzogen. Zwei Arbeiten zum Begriff der Naivität sowie zur Grundlegung einer Philosophie der Kinder, die auf diese Differenzierung eingehen, sind in Vorbereitung.
[170] Vgl. Immanuel Kant: Logik (1800) A 23 ff. Neben der Philosophie als Wissenschaft und dem Philosophieren als Weltweisheit hat Kant als dritte Form von Philosophie Philosophie auch als Lebensform verstanden, worauf wiederholt Gernot Böhme hingewiesen hat. Vgl. Gernot Böhme: Einführung in die Philosophie. Weltweisheit, Lebensform, Wissenschaft. Frankfurt, 3. Aufl. 1998.

schen Vernunft zugänglichen Vorrat von Vernunfterkenntnissen sowie auf Möglichkeiten des systematischen Zusammenhangs dieser Vernunfterkenntnisse. Der Weltbegriff der Philosophie hingegen bezieht sich auf jenes grundlegende staunende Fragen, dem alles, auch das Nichtsagbare und Nichterkennbare und auch der Grund allen Denkens, als Gegenstand des Denkens offen steht; in diesem ihrem Weltbegriff fragt die Philosophie, so Kant, immer nach den letzten Zwecken der menschlichen Vernunft, aus denen sich überhaupt erst alles Philosophieren ergibt. Diese Zwecke aber lassen sich in die vier berühmten Grundfragen fassen, 1. nach den Quellen des menschlichen Wissens: Was kann ich wissen?, 2. nach dem möglichen und nützlichen Gebrauch allen Wissens: Was soll ich tun?, 3. nach den Grenzen der Vernunft: Was darf ich hoffen?, welche drei Grundfragen in der vierten zusammenlaufen: Was ist der Mensch? – Auch diese Fragen aber sind, obgleich in der elementaren Erfahrung aller Menschen fundiert, komplizierter, als sie auf den ersten Blick scheinen: So fragt die erste nicht nach dem Umfang und den konkreten Gegenständen menschlichen Wissens, sondern nach der Möglichkeit und der eigentümlichen Struktur von Wissen überhaupt und insofern nach der Bedeutung von sog. Gegenständen des Wissens. Die Frage lautet also eher: Was ist es, dass wir als Wissende uns zu uns selbst und zur Welt verhalten? – Ebenso strebt die zweite Frage keine normativen Antworten an, was wir denn nun zu tun oder zu lassen hätten. Vielmehr geht es um die grundlegendere Auseinandersetzung mit der Erfahrung, dass wir handelnd uns auf uns selbst und auf Welt beziehen, so dass es gilt, die Bedeutung und die Grundlagen dieses Handelns auszuloten. – Auch die dritte Frage fällt zwar, so Kant, in den Bereich der Religion, will aber nicht bestimmte Hoffnungsbilder aufstellen, an denen wir dann Orientierung fänden, sondern fragt grundlegend, was es denn ist, dass wir über uns und die Möglichkeiten unserer Vernunft hinausgreifend uns auf Zukunft, auf Geschichte, auf Transzendenz, auf Hoffnungsbilder beziehen. – Und so intendiert auch die Frage nach dem Menschen kein bestimmtes Menschenbild, so dass dann in einer Konkurrenz von Menschenbildern gar von verschiedenen Philosophien geredet werden könnte; Philosophie fragt vielmehr grundsätzlich, was es ist, dass der Mensch sich selbst zum Gegenstand seines Fragens und seines Lebensentwurfs macht und machen kann.

Schelling hat diese Einsicht wenige Jahre nach Kant ausformuliert, indem er die Aufgabe der Philosophie als Anamnese einer uns Menschen wesentlich verlorengegangenen Einheit zwischen Welt und Ich, wir dürfen in unserem Zusammenhang ergänzen, auch zwischen Gott und Ich, bestimmt hat.[171] Philosophie beruht, so Schelling, wesentlich auf der Grundlage der Trennung dieser ursprünglichen Einheit. Poetisch hat Ernst Bloch das in den Satz gefasst: „Ich bin. Aber ich habe mich nicht. Darum werden wir erst."[172] Den Menschen als ein sich selbst wesentlich verborgenes und darum sich selbst aufgegebenes Wesen zu erfassen und darin möglicherweise auch seinen ihm selbst entzogenen Ursprung zu ahnen, dieses Faktum zu erfassen und es in nachvollziehbare Sprache zu bringen, darin besteht das Geschäft des Philosophen.

---

[171] F.W.J. Schelling: Zur Geschichte der neueren Philosophie (Münchner Vorlesungen 1827), hg.v. M. Buhr. Leipzig 1975, 111 ff.
[172] Ernst Bloch: Tübinger Einleitung in die Philosophie. Frankfurt 1963, 11.

Voraussetzung für ein solches Geschäft aber ist Reflexion, Reflexion nicht nur auf die Gegenstände unseres Denkens, (und das meint das Bewusstsein darüber, dass wir und die Gegenstände unseres Denkens eben nicht eins sind), sondern auch auf das Denken selbst, mithin Selbstbewusstsein. In diesen kurzen Erläuterungen wird deutlich: Aufgabe und Tätigkeit der Philosophie bestehen nicht darin, Fragen allein zu *stellen*, erst recht nicht, auf sie eine endgültige *Antwort* zu finden, sondern diese Fragen in dem, was sie meinen und woraus sie sich nähren, als letzten Bezugspunkt allen Menschseins *auszuloten*. Auch die Unterstellung eines kindlichen Philosophierens muss sich an dieser Ebene messen lassen, um wirklich Philosophie genannt werden zu können.

Philosophie Kindern zuzumuten, scheint mit dieser Bestimmung irrelevant geworden zu sein, wenn wir die entwicklungspsychologische Einsicht teilen wollen, dass reflektiertes, also selbstbezügliches und seines Vollzugs bewusstes Denken Kindern noch nicht möglich ist, weil sie noch in der Unbefangenheit der Unmittelbarkeit bloßen Nachdenkens verhaftet sind. Doch Philosophie wagt die Behauptung, dass jeder Mensch auf die Möglichkeit solcher Reflexion angelegt ist, auch wenn er sie aktuell noch nicht ausgebildet hat, wie etwa Kinder, oder nicht mehr besitzt. Und sie weiß auch, dass die Bezugspunkte einer solchen Reflexion nicht allein durchs Denken zu fassen sind, vielleicht durchs Denken gar nicht wesentlich zu fassen sind, sondern dass es neben der begrifflichen andere Ebenen eines solchen Bezugs geben mag; wir finden sie in der Kunst und in der Religion, also in symbolisch bzw. mythisch sich formulierenden Geisteshaltungen. Unter dieser Perspektive werden dann auch theologisch elementare Äußerungen philosophisch interessant, auch wenn sie per se noch keinen philosophischen Charakter haben; den gewinnen sie erst im Vollzug ihrer reflexiven Erschließung.

Damit wird auch klarer, wie eingangs angedeutet, dass die philosophisch interessanten Fragen nicht die schon komplizierten und voraussetzungsreichen oder großen Fragen sind wie „Wer bin ich?" oder „Woher kommt die Welt?", sondern ganz unscheinbar scheinende, leicht übersehbare wie „Was ist Regen?" oder „Wohin fließt das Wasser?" oder „Warum verbrennt da etwas?". In solchen im Alltäglichen und im Vorbeigehen sich aufdrängenden und daher elementaren Fragen verbergen sich philosophische Probleme. Wer solche Fragen stellt, fragt in einer philosophisch interessanten Weise, artikuliert vielleicht eine Ahnung philosophischen Fragens, aber philosophiert noch nicht eigentlich. Das bedeutet, alltägliches Sich-Wundern, auch existentielle Infragestellungen, aber eben auch theologische Fragen haben als solche noch keine philosophische Qualität, doch bieten sie die unverzichtbare Grundlage zu jeder philosophischen Tätigkeit. Daher entzündet sich Philosophie eben nur und erst an solchen Fragen. Andererseits hat alle Philosophie, meine ich, ihren unaufgebbaren Ursprung im unmittelbaren Staunen; beziehen aber kann sie sich auf diesen Ursprung stets nur durch die Reflexion vermittelt. Kinder sind darum philosophisch Fragende und Ahnende, aber nicht Philosophen.[173]

---

[173] Diese These ist nicht notwendig als Kritik an dem schönen Buch von H.L. Freese: Kinder sind Philosophen (s.o. Anm. 149) zu verstehen. Die Intention Freeses würde ich vielmehr eben darin sehen, diesen Satz als Provokation zu verstehen, das Philosophische in und mit Kindern zu entdecken.

Der letzte Satz ist weiter zu begründen. Und so komme ich zu Punkt

2.2. Welchen Sinn macht es genauer, Kinderäußerungen als philosophisch anzusehen?

In Aufnahme der Unterscheidung und des Zusammenhangs von elementarem Fragen und philosophischer Wissenschaft hat sich die Rede von der Philosophie als Zweiter oder gelehrter, reflektierter Naivität herausgebildet. Sie meint zunächst einmal den Bezug und die Bindung der Philosophie an jenen Ursprung unmittelbaren Fragens und Staunens, darum ist sie naiv; dessen aber kann und muss sich die Philosophie erinnern und darauf reflektieren, darum ist sie gelehrt.[174] Die weitere Überlegung betrifft die Möglichkeiten, sich auf eine mit der Rede von Zweiter Naivität unterstellte Erste Naivität zurück zu beziehen bzw. Formen Erster Naivität auf eine Zweite, philosophische zu beziehen. Damit wären wir beim Thema Philosophieren der Kinder bzw. Philosophieren mit Kindern angelangt. Denn naiv sind Kinder, aber in einer ersten, noch ganz unmittelbar in den Ursprung allen Fragens verflochtenen, noch nicht reflektierten Weise.

Zunächst zum Rückbezug der Philosophie auf das ihr zu Grunde liegende Staunen bzw. die erste Naivität. Aus Sicht der Philosophie steht hier zur Debatte, ob und warum kindliches Fragen mehr ist als bloße Ahnungslosigkeit, nämlich vielmehr eine Ahnung der philosophisch elementaren Fragen, so dass das Philosophieren der Kinder mehr wäre als eine Projektion der Philosophie auf der Suche nach dem Festhalten der eigenen Ursprünge, nämlich jenes ursprüngliche Fragen, was der Philosophie den Impuls zu je neuem eigenen Fragen, die Provokation ihres eigenen Lebens bietet.

Empirisch lässt sich darauf nicht antworten, sondern nur deutend: Warum Kinderfragen eine Tiefendimension enthalten, ist ihrem Wortlaut nicht abzulesen, sondern das lässt sich nur erschließen durch Interpretation, Hineinlesen einer in ihnen verborgenen Tiefenschicht. Hinweise geliefert hat dazu Paul Ricoeur.[175] Ausgehend von der Deutung psychoanalytischer Arbeit als Paradigma für jeden Prozess der Selbstvergewisserung kommt Ricoeur zu dem Ergebnis, dass das Ich stets,

---

[174] Vgl. Robert Spaemann: Philosophie als institutionalisierte Naivität, in: Phil. JB 81. (1974), 139 ff., sowie H.-B. Petermann: Kultivierung kindlicher Naivität. Philosophie-Unterricht als Weg von der „Ersten" kindlichen Naivität zur „Zweiten" philosophisch-reflektierten Naivität; demn. vorauss. in: Jahrbuch zur Didaktik der Philosophie. Dresden 2002. – Der Begriff von Philosophie als Zweiter Naivität geht letztlich zurück auf Sokrates und sein Verständnis von Philosophie als Wissens des Nichtwissens. Im Laufe der Philosophiegeschichte ist er dann am vielleicht entschiedensten aufgenommen worden durch Nikolaus von Kues in seiner Rede von der belehrten Unwissenheit, der Docta Ignorantia, dann, ausgehend von der Dichtung Hölderlins in Heideggers Philosophieverständnis als Entsprechen auf den An- und Zuspruch des Seins. Das hat sicher den Horizont auch abgegeben für die ausdrückliche Rede von Zweiter Naivität bei Paul Ricoeur: Die Interpretation. Ein Versuch über Freud. Frankfurt 1969, 506 f. In der Religionspädagogik hat diesen Gedanken Hubertus Halbfas aufgegriffen, ausdrücklich etwa in: Religionsunterricht in Sekundarschulen. Lehrerhandbuch 1, Düsseldorf 1985, 516 ff., und 6, 1993, 91 ff. Vgl. dazu auch H.-B. Petermann: Einwurzelung. Religiöse Sensibilisierung und erfahrungsorientierter Wissenserwerb als Grundlagen heutigen Religionsunterrichts; in: KatBl (7) 1992, 552-567.

[175] Ich beziehe mich im Folgenden auf Ausführungen in Ricoeur 1969 (wie Anm. 174).

indem es sich erfasst, sich zugleich wieder dem Erfassen entzieht. Ricoeur spricht in diesem Zusammenhang davon, dass der Mensch das einzige Wesen ist, das seiner Kindheit verfallen ist und nennt dies die „symbolische Vorgängigkeit" des Ich. Dieses Wort ist bedeutsam; Ricoeur meint, dass alle Interpretation stets eine symbolisch vermittelte ist wie auch das jeweils in ihr Gemeinte. Warum? Nicht nur jede Deutung vollzieht sich grundsätzlich in sprachlichen Symbolen, auch das zu Deutende erweist sich darin als je schon symbolisch Vermitteltes. Indiz dafür mag das urtümliche Staunen selber sein: Staunen können wir nur, wenn uns in der Erfahrung des Staunens etwas widerfährt, das sich dem Staunen zugleich wieder entzieht, also nie das ist, was es im ersten oder unmittelbaren Zugriff zu sein scheint. Das Staunen erweist sich dann bereits als eine Antwort, wenngleich nur eine unmittelbar evozierte, noch nicht bewusste Antwort auf etwas, was in diesem Staunen unzugänglich bleibt. Und darum ist auch das Staunen seinerseits etwas, das wie das Staunenswerte selbst vermittelt, und zwar verschlüsselt, symbolisch vermittelt sich vollzieht.

Unmittelbare Äußerungen gegenüber einem nur symbolisch und insofern auch nur annäherungsweise zu entschlüsselnden Gegenstand lassen sich von daher verstehen als ihrerseits faktisch, wenngleich nicht bewusst symbolisch verschlüsselte Antworten auf ein je vorgängiges Infragestehen und keineswegs als ahnungslose Unmittelbarkeit. Von einer Ersten Naivität im strengen Sinne zu sprechen, verbietet sich mit solcher Einsicht. Vielmehr ist jede Naivität, auch die scheinbar ahnungslose, als Antwort auf eine ihr vorgängige, nicht unmittelbar zugängliche Erfahrung eine stets schon vermittelte.

Was bedeuten diese auf den ersten Blick nicht leicht fassbaren Überlegungen? Zum einen: Besonders ergiebig gegenüber elementarem philosophischen Fragen sind bildhafte Erfahrungen, seien es reale Eindrücke von Wirklichkeit, seien es Sprachbilder, seien es bildhaft fassbare Handlungszusammenhänge, weil sie am ehesten eine symbolische Tiefenstruktur enthalten wie auch am entschiedensten nach einer Entschlüsselung verlangen, die ihrerseits je neues Nachfragen ermöglicht. Und auf diesem Hintergrund müssen auch kindliche Äußerungen, und das ist das andere Ergebnis dieses Gedankens, als (wenn auch zumeist unbewusste) Versuche einer Antwort verstanden werden, nicht nur als Frage. In ihnen leuchtet auf, dass, wie Bloch es ausdrückt, etwas zu Fragendes gesagt wird und somit das zu Sagende in Frage steht.[176] Als Frage und Sage zugleich aber drängt eine solche Äußerung stets zu einer Nachfrage. Die Annahme kindlichen Staunens führt daher notwendig zur Frage des Umgangs mit kindlichem Philosophieren.

Der Kinderphilosoph G. B. Matthews hat Momente solchen Staunens „Augenblicke reiner Reflexion" genannt.[177] Der Ausdruck suggeriert, als handle es sich um Akte einer von sinnlichen Qualitäten freien, nur als Reflexion sich äußernde Reflexion. Ich denke nicht, dass das gemeint ist. Vielmehr geht es um gleichsam unverstellte oder unmittelbare Reflexionen bzw. Momente heller Einsicht. Matthews kritisiert, dass uns Erwachsenen solche Augenblicke reiner Reflexion im kindlichen Denken „so oft entgehen, weil wir sie nicht als das, was sie sind" er-

---

[176] Einen grundlegenden Text zum Thema Kinderphilosophie hat Ernst Bloch vorgelegt in den ersten Abschnitten seiner: Tübinger Einleitung in die Philosophie. Frankfurt 1963.
[177] Gareth B. Matthews: Philosophische Gespräche mit Kindern. Berlin 1989, 80.

kennen. Was aber sind sie? Matthews meint, keinesfalls ein primitives Denken, das „auf die Erwachsenennorm hin entwickelt werden" oder „durch unsere Annahmen über die Entwicklung des kindlichen Denkens" gefiltert werden müsse. Dann bräuchten wir „den philosophischen Gehalt solcher Äußerungen nicht ernst zu nehmen." Kindlichen Sichtweisen stattdessen den von Matthews unterstellten Ernst zuzuerkennen, setzt voraus, in ihnen mehr zu sehen, als ihnen auf den ersten Blick hin anzumerken ist, mehr also auch als bloß ahnungsloses Staunen, sondern bereits ahnendes Sich-Wundern.[178]

Aus dieser Lesart kindlicher Äußerungen folgt, dass sie dann auch entschlüsselt werden wollen, und zwar entschlüsselt hin auf das Konkrete, das in ihnen sich Form gesucht hat. Das bedeutet: Solche kindlichen Äußerungen sind zunächst einmal immer auf einen möglichen Bezug auf jene vorhin benannten Grundfragen menschlicher Vernunft hin zu untersuchen: Ist in ihnen ahnend eine solche Frage ausgesprochen? Gibt es dafür aber Indizien oder will ich den Versuch machen sie als eine solche Äußerung ernst zu nehmen, drängen sie zur Dechiffrierung. Wie aber soll das anders gehen als durch Nachfragen, was damit gemeint sein könnte; anders: durch die Nachfrage: Was willst du sagen, wenn du solches sagst?

Damit wird eine weitere Differenzierung deutlich: Kinder, so behaupte ich, können sich zu elementaren Fragen nach Menschsein, Welt und Gott äußern. Sie tun dies, wenn ihnen im Alltag unvermittelt etwas widerfährt, was sie staunen und dann verwundert nachfragen lässt. Für den Philosophen verbirgt sich hinter solchem staunenden Fragen die strukturelle Frage: Was ist dies, dass es ist; oder auch: Was ist dies, dass es ist, was es ist. Auf solche Augenblicke als Erwachsener sensibel und nachfragend zu reagieren, kann Kindern Wege zum Philosophieren ebnen. Das philosophische Gespräch mit Kindern würde dann auf dem Zur-Sprache-Bringen solcher Erfahrungen aufbauen. Ich denke, ein solches Gespräch lässt sich nicht erzwingen und es sollte auch nicht erzwungen werden. Gewiss gibt es viele kindliche Äußerungen, die als solche unhinterfragt stehen bleiben wollen und müssen. Kindliches Philosophieren und auch Theologisieren aber findet nur statt, wenn sie auch tatsächlich erschlossen werden. Im Übrigen gäbe es gar keine Theologie oder Philosophie, wenn nicht das darin Gemeinte als Erfahrung wesentlich darauf drängen würde, sich mitzuteilen.

Dieses Erschließen meint freilich wiederum nicht ein Erklären und vollständiges Dechiffrieren ihres Symbolgehalts, sondern nicht mehr, aber auch nicht weniger als die Eröffnung der Möglichkeit, Grunderfahrungen auch zur Sprache zu bringen. Zur Sprache bringen ist hier in einer weiten, sprachliche Artikulation, bildhafte Gestaltung oder Interaktion einschließenden Weise verstanden. Damit ist ein Weg angedeutet mit Kindern zu philosophieren (und auch zu theologisieren), auch ohne von einem nicht planbaren kindlichen Widerfahrnis elementarer Qualität auszugehen, nämlich wenn es gelänge, durch Bilder, Geschichten, Problemfragen, Handlungssituationen Kinder in die Ebene einer solchen elementaren Erfahrung zu versetzen, um dann daraus gleichsam wie auf einer Folie Wege der Erschließung elementarer Erfahrung zu eröffnen. Das muss Kriterium sein auch für unter-

---

[178] Eine Differenzierung der Ebenen des Staunens habe ich selbst vorgenommen durch genauere Interpretation der zitierten Stelle von Aristoteles. Vgl. demn. in: Petermann (wie Anm. 157).

richtliche Versuche, mit Kindern in ein Gespräch bzw. in einen Erfahrungszusammenhang zu kommen.[179]

3.

Elementare und existentielle Erfahrungen, die zu philosophisch relevanten Fragen führen, haben nicht notwendig auch theologischen Charakter. Wenn es in dem uns hier interessierenden Zusammenhang aber nicht um eine Philosophie der Kinder, sondern eine Theologie der Kinder geht, ist weiter zu fragen, worin einerseits der Zusammenhang philosophischen Fragens zur Theologie besteht, und worin andererseits das Eigentümliche theologischer Auseinandersetzung auch im Unterschied zur philosophischen besteht.

Der Zusammenhang wie auch der Unterschied von Theologie und Philosophie erschließt sich vielleicht am besten durch das Verhältnis von Theologie und Glaube.[180] Im Unterschied zur Philosophie, die stets auf der Ebene kritischen Nachfragens bleibt, ist Theologie nämlich immer schon Auslegung von Glaubenserfahrung und darum so notwendig an den ausgelegten Glauben gebunden, dass sie als Auslegung selbst eine bestimmte Gestalt von Glauben darstellt. Das Eigentümliche ihrer Wissenschaftlichkeit im Unterschied zu anderen Wissenschaften, die sich als Logos von etwas verstehen, ist darin zu sehen, dass Theologie nie nur der Vernunft zugängliche Lehren zum Verständnis oder zur Einordnung von Glauben äußert, im Sinne einer exoterischen Systematisierung und Verständigung über Glaubensdinge, sondern stets auch den Gegenstand ihrer Tätigkeit weitergibt, den Glauben. Ihr Wissenschaftsverständnis ist also gekoppelt an den prozessualen Glaubensvollzug, insofern ihre Wissenschaftlichkeit als letzte Konsequenz des Glaubens selbst zu verstehen ist, der auf Vermittlung aus ist. Eine davon losgelöste, nur Phänomene oder historische Zusammenhänge oder sprachliche Eigenheiten reflektierende Wissenschaft kann sich nicht mehr als Theologie betrachten, sondern muss sich Religionswissenschaft, vielleicht Theologiewissenschaft nennen. In der Bindung der (wissenschaftlichen) Theologie an den Glauben wird zugleich umgekehrt die Ausrichtung des Glaubens auf Theologie deutlich, die jeder Glaubensäußerung eigen ist, will sie denn sagen, zur Sprache bringen, was sie erfahren hat. Von daher ist Theologie wesentlich immer auch Botschaft.

Auf der anderen Seite ist Theologie mit Glauben selbst wiederum nicht zu verwechseln, weil der in Gebet oder Feier oder im Handeln oder in der Verkündigung Gestalt gewinnende Glaube zwar Wort von Gott und Wort Gottes, nicht aber Logos als vernünftige, reflexive Erschließung des Glaubens sein muss. Allemal muss nicht jeder Glaubende auch Theologe sein. Gleichwohl ist Glaube genauer betrachtet nicht allein das Gefühl der unmittelbaren religiösen Erfahrung, sondern

---

[179] Hierin hat auch jede Symboldidaktik ihre kritische Bedingung. Unter dieser Perspektive wäre es interessant, die von A. A. Bucher angezettelte Auseinandersetzung um das Bewahren der sog. Ersten Naivität neu zu überdenken. Vgl. Anton A. Bucher: „Wenn wir immer tiefer graben ... kommt vielleicht die Hölle" in: KatBl (9) 1989, sowie der daran sich anschließenden Diskussion, kritisch kommentiert z.B. durch Jacques-Antoine Allmen: Symboltheorie und Symboldidaktik am Beispiel von P. Biehl und H. Halbfas. Zürich 1992.

[180] Genauer zu dieser Frage vgl. Petermann 2000 (wie Anm. 165).

auch seine Artikulation und Gestaltwerdung im Lebensvollzug. Als somit immer auch sich im Leben konkretisierender Glaube ist Glaube im weiteren Sinne daher stets auf den Logos tou Theou, auf die Auskunft, Vermittlung und Weitergabe des Erfahrenen angelegt. Theologie im engeren Sinne wird dieser Glaube erst, wenn er die ihr zu Grunde liegenden Erfahrungen nicht nur weitergeben, sondern auch der Selbstreflexion, dem menschlichen Denken zu erschließen versucht, Glauben also der Vernunft zugänglich macht, um ihn sich oder auch anderen verständlicher zu machen. Und genau an dieser Stelle wird die philosophische Reflexion interessant für die Theologie.

Wenn nun dergestalt Gott, Glaube, Theologie zum Gegenstand des Denkens gemacht werden, lautet die Frage wie bei allen Gegenständen philosophischen Denkens: Was ist dies? und: Was ist dies, dass es zum Bezugspunkt menschlicher Auseinandersetzung wird? Als theologische Reflexion aber beinhaltet solches Fragen zugleich eine Erschließung des Glaubens, das unterscheidet Theologie von Religionsphilosophie. In biblischer, also jüdischer wie christlicher Sicht ist es Tradition, dass Theologie als ein Element von Glauben verstanden wird, Glaube also wesentlich auf Erschließung angelegt ist. Jüdische und auch christliche Glaubensüberlieferung haben insofern stets auch Formen angemessener Erschließung von Glauben thematisiert.

Und in eben diesem Kontext wird die Frage nach einer Theologie der Kinder interessant: Enthalten, so kann nun *theologisch* genauer gefragt werden, theologische Äußerungen von Kindern nicht nur philosophisch elementare Fragen, sondern auch eine eigentümliche Ebene der Glaubenserschließung?

Eine Antwort kann hier nur skizziert werden, doch geschieht dies in exemplarischer Weise. Der wichtigste Zeuge nämlich für die Frage nach der theologischen Qualität kindlichen Denkens ist der biblisch bezeugte Jesus.[181]

Einerseits kann Jesus selbst in die Reihe von Menschen eingereiht werden, die in frühen Jahren nicht nur besondere Gotteserfahrungen gemacht haben, sondern auch zu einer reflektierten und vermittlungsoffenen Auslegung dieser Erfahrung gefunden haben. Der nach jüdischer Tradition noch übliche Auftritt des Zwölfjährigen im Tempel erfährt eine Steigerung dadurch, dass Jesus die Schrift nicht nur liest, sondern auch mit Verständnis auslegt (Lk 2,46 f.). Lukas selbst stellt diese Begebenheit explizit in die Reihe alttestamentlicher Vorbilder, wenn er in V. 52 auf den jungen Samuel verweist.

Wie Jesus selbst schon in frühen Jahren als Theologe galt, so sah er umgekehrt gerade in Kindern eine besondere theologische Qualität, auf die ihm alles ankam. Eine kurze Übersicht über die bezeugten Begegnungen mit Kindern verdeutlicht, dass er Kindern nicht nur besonders zugeneigt war oder sie lediglich als Beispiele für seine (erwachsenen) Hörer hingestellt hat, sondern dass in diesen Begegnungen auch Ansätze einer Art Kindertheologie Gestalt gewinnen. Die Begegnungen Jesu mit Kindern lassen sich auf drei Situationen konzentrieren, in denen jeweils ein ganz besonderer Aspekt kindlicher Theologie deutlich wird: In den synopti-

---

[181] Die Frage der Historizität biblischer Aussagen ist für unsere systematische Fragestellung nicht unmittelbar von Belang und wird daher aus meinen Überlegungen ausgeklammert. Daher die etwas umständliche Rede vom „biblisch bezeugten" Jesus.

schen Perikopen zum Jüngerstreit (Mk 9,33 ||) werden die Kinder als Beispiele wahrer Jüngerschaft hingestellt, was Matthäus in den Satz gießt: „...wenn ihr nicht werdet wie die Kinder...". In den Perikopen zur sog. Kindersegnung (Mk 10,13 ff. ||) stellt Jesus darüber hinaus Kindlichkeit als eine besondere Qualität heraus, die fähig macht, das Reich Gottes anzunehmen. Und schließlich hebt Jesus unter Zitierung von Ps 8,3 die Kinder, die ihn beim Einzug nach Jerusalem begrüßen (Mt 21,15 f.), hervor als diejenigen, die Gott in rechter Weise loben können.

Warum nun ist die Behauptung berechtigt, Kinder würden hier nicht allein als Beispiele gläubigen Verhaltens hingestellt, sondern hier veranschauliche Jesus zugleich eine Art Theologie der Kinder? Diese Frage beantwortet sich durch einen genaueren Blick auf die genannten Situationen: Es handelt sich keineswegs um drei zufällig von den Evangelisten in ihr Buch aufgenommene Begegnungen Jesu mit Kindern, sondern sie sind gezielt an entscheidenden Wegpunkten eingebaut in Jesu Gang nach Jerusalem, sprich in den Prozess, in dem sich seine Gottessohnschaft und seine Heilssendung herauskristallisierten. Das kann an dieser Stelle nicht weiter entfaltet werden, mag aber als Hinweis reichen für die Annahme, dass Jesus in diesen Begegnungen mit Kindern nicht einfach dargestellt wird als Freund der Kinder, sondern als jemand, der darin zugleich verschiedene Ebenen einer Theologie entfaltet:

1. Jesus verdeutlicht in den Kindern erstens die Struktur der *Öffnung* und *Aufnahmefähigkeit* für den Glauben als erstem Element von Theologie, als Voraussetzung für das Hören des Reiches Gottes. Matthäus macht es am deutlichsten, indem er Jesus sagen lässt: „...wenn ihr nicht werdet wie die Kinder..." Im Zusammenhang ist hier offensichtlich eine Haltung gemeint, die in völliger Offenheit, unverstellt von Vorurteilen, Reflexionen, Einordnungen nach Stand, Vermögen u.ä. die Botschaft aufzunehmen in der Lage ist. Als Theologie ist diese Haltung insofern zu verstehen, als sich jeder Logos von Gott einzuordnen hat als Antwort auf eine vorhergehende Beanspruchung, die im Logos zur Geltung kommt. Den Logos und auch die Reflexion daher nicht als subjektiv initiierte Frage, sondern als Reflex auf eine Beanspruchung zu verstehen, das macht diesen Glaubensakt, der hier von Jesus als kindlicher herausgestellt wird, zu einem zugleich auch theologischen Akt.

2. Zweitens stellt Jesus die Kinder heraus als diejenigen, die in besonderer Weise auch zur *Annahme*, nicht nur Aufnahme, also zur Apperzeption, nicht allein Perzeption des Gehörten in der Lage sind: Menschen wie ihnen gehöre das Reich Gottes (Mk 10,14 ||), so die Argumentation, denn wie sie solle das Reich Gottes auch angenommen werden. Was meint dies? Die Kinder werden hier von Jesus angerührt, umarmt, durch Handauflegen gesegnet. Die Annahme scheint hier eine ganz unmittelbar sinnlich fassbare Struktur zu gewinnen – wie im Übrigen bei vielen weiteren in Heilungsgeschichten verpackten Glaubensgeschichten in der Begegnung mit Jesus ebenso! Zur Annahme, also der je persönlichen Realisierung eines Anspruchs, gehört mithin wesentlicher als die Reflexion die unmittelbar sinnliche Erfahrung, die Ausdruck dafür zu sein scheint, dass es um eine Annahme ganz und gar geht, mit Haut und Haar, Herz und Nieren, nicht nur in je durch das annehmende Subjekt wieder zu relativierender Weise. Insbesondere in den Kindern wird als Glaubensstruktur deutlich: Glaube betrifft nicht nur das Le-

ben, sondern greift ganz und gar ins Leben ein, bestimmt es als eine neu dieses tragende Struktur. Theologie ist dieser Glaube, insofern auch die wissenschaftliche Reflexion stets verwiesen bleibt darauf, dass sie eine mögliche Antwort ist, die Leben ganz in Besitz nimmt, sich nicht nur als je wieder zurückziehende Reflexion auf ihren Gegenstand bezieht.

3. Aus der auf die Aufnahme folgenden Annahme ergibt sich als dritte Struktur die *Antwort*. Auch sie verdeutlicht Jesus nicht nur als Glaubenselement, sondern zugleich als Struktur von Theologie wiederum an den Kindern: Sie sind es, die ohne Angst vor möglichem Ärger, ohne Scheu und Skrupel vor einem Missverständnis Jesus zurufen: „Hosanna, dem Sohn Davids." (Mt 21,15). Jesus lässt diese Äußerung zu und beglaubigt sie ausdrücklich unter Verweis auf den Ps 8,3: „Aus dem Mund der Kinder und Säuglinge schaffst du dir Lob!" – Die Kinder machen damit unmittelbar deutlich: Der Mensch steht immer schon, gleichsam nativ und insofern auch naiv im Anspruch Gottes. Existenzerhellende Glaubenserfahrungen von Erwachsenen erweisen sich damit als Erinnerungen, Anamnesen einer stets schon vorhandenen Befindlichkeit. Und zum anderen wird Theologie hier über die reine Ebene der Reflexion hinausgetrieben: Säuglinge sprechen keine klaren Worte, doch auch unmittelbare Äußerungen vorsprachlicher Art können sich als Antworten erweisen, womit alle theologische Reflexion in die Dimension einer Antwort auf einen zuvor ergangenen Anspruch eingebunden wird. Theologie ist nur, was sie ist, wenn sie sich als eine solche Antwort versteht.

Eine solche Rekonstruktion jesuanischer Theologie der Kinder ist keineswegs willkürlich. Hält man sich vor Augen, dass die paradigmatischen, da prägenden Glaubensgeschichten der Bibel stets diese drei Strukturelemente Hören bzw. Öffnung, Annahme und Antwort bzw. Tun enthalten, reiht sich Jesu Erläuterung kindlichen Glaubens völlig in diese Tradition ein.[182] Am stärksten ausdifferenziert ist dies wohl überliefert in der Berufung des Mose Ex 3 f. Jesus aber appliziert diese Struktur keineswegs bloß auf Kinder, sondern stellt in der Begegnung mit ihnen, an ihrem Verhalten und ihren Äußerungen die Pointen eines auf Erschließung angelegten Glaubens heraus. Eben darum sind Kinder nicht nur Glaubende, sondern auch Theologen. Gespräche mit Kindern, die beanspruchen, mit Kindern zu theologisieren, müssen sich offen halten für diese an und mit Kindern zu entdeckende Dimension.

4.

Wie sind nun von daher die im Anhang protokollierten Unterrichtsgespräche einzuschätzen? Inwiefern liefern sie Argumente für unsere Annahme, dass Kinder in der Lage sind, theologische Gedanken zu fassen? Und inwiefern bieten sie Mo-

---

[182] Der Klarheit halber sollte festgehalten sein: Ganz bewusst erfolgt diese Deutung nicht in den Deutemodellen historisch-kritischer Bibelexegese, sondern in der Voraussetzung, dass es sich zumindest bei den hier zur Debatte stehenden biblischen Texten immer auch um theologische, das heißt bewusst so und nicht anders gefügte handelt. Allein eine solche Perspektive macht es im Übrigen sinnvoll, sich philosophisch auf biblische Texte einzulassen. Dass es sinnvoll erscheint, dafür auch historisch-kritische Gesichtspunkte zu Hilfe zu nehmen, ergibt sich selbstverständlich.

delle für das Theologisieren mit Kindern? Das sind zwei Fragen zunächst nach den Inhalten, dann nach den Formen des kindlichen Theologisierens. Auf beiden Ebenen bieten uns die Unterrichtsprotokolle Beispiele: Auf der inhaltlichen Ebene geht es um die Fragen (1) der Theodizee, (2) der Auseinandersetzung zwischen Gut und Böse und (3) der Frage des freien Willens. Das Theodizee-Beispiel arbeitet (A) mit einer Dilemmageschichte, die den Einstieg für eine Schreibübung und ein kurzes Unterrichtsgespräch liefert; das Gut-Böse-Beispiel arbeitet (B) mit einer mythischen Impulsgeschichte, die Anlass bietet für das Gespräch; und das Freiheits-Beispiel arbeitet (C) mit der Auslotung eines kleinen Alltagsbeispiels durch ein ausführliches Unterrichtsgespräch, in das zwei handlungsorientierte Veranschaulichungen paradigmatischer theologischer Positionen eingebaut werden.

Ich kommentiere die Beispiele in dieser Reihenfolge, weil sie von der Länge wie auch inhaltlich unterschiedlich komplex sind, so dass ich mit dem einfachsten beginne. Eigentümlicherweise ergibt sich bei genauerem Hinsehen aber auch eine inhaltlich aufbauende Reihenfolge: Nicht ohne Zufall gehen, meine ich, alle Unterrichtsstunden auf die Frage nach Gott, genauer auf das Verhältnis Gott-Mensch ein und fragen, in welches Bild dieses Verhältnis am besten zu fassen sei, um damit helfen zu können, konkrete Erfahrungssituationen zu deuten und zu bewältigen. Dabei geht das Theodizee-Beispiel von der Fundamentalerfahrung nicht fassbarer Ungerechtigkeit aus und fragt von daher nach Gott. Das Gut-Böse-Beispiel trägt diese Frage wie von selbst hinüber in das Problem von menschlicher Autonomie (angesichts der nicht ganz gelösten Gottesfrage). Und das Freiheits-Beispiel entfaltet und differenziert die Problematik von Autonomie und Heteronomie, um am Ende sich zu öffnen zur Frage nach der Moral.

Gut vergleichbar sind die Unterrichtsbeispiele, weil es sich um Kinder ähnlichen Alters handelt, im ersten Beispiel um eine vierte, in den anderen jeweils um eine fünfte Klasse.

Ich will, um den Rahmen nicht zu sprengen, im Folgenden zu den einzelnen Protokollen nur verstreute Bemerkungen machen und mich aus philosophischer Perspektive kritisch auf einige, die Frage nach Möglichkeiten des Theologisierens mit Kindern weiterführende, Punkte konzentrieren.

4.1. „...warum hat Gott es zugelassen...“[183]: Die Theodizee-Frage

(1) Es handelt sich hier um ein dreiteilig angelegtes *Unterrichtsgeschehen*: In einem ersten Teil wird den Kindern das sog. Richter-Dilemma von Fritz Oser vorgelegt. Die zweite Phase des Unterrichts stellt den Kindern die Aufgabe, schriftlich einige Sätze zu formulieren, was „dem Mann durch den Kopf" gehen könnte, der solches erlebt habe; die Kinder sind geraume Zeit mit ihren Formulierungen beschäftigt und dürfen am Ende daraus vorlesen (acht schriftliche Äußerungen sind protokolliert). Drittens folgt ein kurzes, keine 10 Minuten laufendes Ge-

---

[183] Unterrichtsprotokoll „Theodizee in der 4. Klasse..." im Beitrag von Büttner/Rupp in diesem Band, 28, Mädchen 5. Ich zitiere im Folgenden mit der Abkürzung „TH" für „Theodizee" und der Nummer der Gesprächsbeiträge.

spräch zu einigen hier aufgeworfenen Fragen: a) „Was soll man da sagen [zu solchen Widerfahrnissen von Unglück]?" (TH 1), b) „Warum lässt Gott so etwas zu?" (TH 5) und c) „Gibt es überhaupt Gott?" (TH 19). Im nicht mehr protokollierten vierten Teil des Unterrichts entwirft der Lehrer noch kurz einen positiven Schluss der Geschichte und schließt mit der offenen Frage, was der Mann jetzt wohl über Gott gedacht habe.

(2) Zunächst ist festzuhalten, dass die drei Themenstellungen des Gesprächs nicht von Kinderseite kommen, sondern durch den Lehrer; doch bezieht er sich dabei auf zuvor schriftlich geäußerte Antworten: a) zu 1,2,3[184]; b) zu 5, aber auch 3,6,8; c) zu 7. Insofern haben in der Tat die *Kinder* die theologischen Impulse für das Gespräch geliefert. Sie formulieren sogar unterschiedliche *Antworten* auf die *Theodizeefrage*: Gott als Ansprechpartner in der Not (1,8) – Enttäuschung über ausgebliebene Hilfe (3,6,7) – Gott als Ursache meiner Not (1,5) – Leiden als Strafe Gottes (4) – (die klassische Formulierung:) Gottes Gerechtigkeit angesichts konkreter Ungerechtigkeit (5,7) – Zweifel an der Existenz Gottes (7) – Impuls zur Eigenverantwortung (2,8). Bewusst habe ich auf eine Wertung der Beiträge verzichtet, um zunächst nur zu verdeutlichen, dass von den Kindern die wesentlichen Fragen der Theodizee genannt werden. Dass sich in einigen dieser Antworten für uns zudem eine ganze Theologie, sprich die reflektierte Entwicklung eines theologischen Gedankengangs zeigt, habe ich in der Eingangspassage dieses Aufsatzes exemplarisch zu zeigen versucht.

(3) Kinder sind also zweifelsohne in der Lage, theologische Fragen und Positionen zu fassen. Offen bleibt, inwiefern hier auch eigenständiges theologisches Denken vorliegt. Über die entwicklungspsychologischen Möglichkeiten dazu und die entsprechende Einordnung der Antworten orientiert Gerhard Büttner in seinem Beitrag. Meinerseits würde ich gegen eine vorschnelle Einordnung der vorliegenden Kinderantworten als Theologie einwenden, dass viele entweder der Diktion der Geschichte entlehnt sind oder mit Versatzstücken arbeiten, die nicht aus der unmittelbaren Reaktion der Kinder zu stammen scheinen, sondern aus einem bereits irgendwie gehörten Schemata; besonders auffällig ist das im dritten Teil des Gesprächs, aber auch in der Selbstverständlichkeit der Übernahme eines bereits vorgeprägten Gottesbezugs in den schriftlichen Antworten. Das mag an der Richter-Geschichte liegen (s.u.), vielleicht auch an der Einstiegsfrage, die keine Auskunft darüber gibt, ob der Gottesbezug bereits durch den Lehrer hergestellt wurde (s.u.). Als unmittelbare, unverstellte Auseinandersetzungen mit der Theodizee- und der Gottesfrage sind die Antworten insofern nur bedingt anzusehen. Ich meine gleichwohl, eigenständiges theologisches Denken findet statt, doch, und das ist entscheidend, eher *hinter* der Folie vorgegebener Diktionen, in denen sich die meisten Kinder äußern. Und diese Dimension müsste erst einmal herausgearbeitet werden, um wirklich zu einem Theologisieren mit Kindern zu kommen.

(4) Dieser „Mangel" liegt zunächst einmal an der Form des Impulses: Um eine *Dilemmageschichte* im engeren Sinne nämlich handelt es sich bei der von Oser vorgelegten m.E. nicht. Zum einen ist die erzählte Welt dieser Geschichte in ihren

---

[184] In diesem Band, 27f.

Details relativ abstrakt gegenüber der konkreten Erfahrungswelt unserer Kinder. Konkretheit aber ist für ein philosophisch wie auch theologisch fruchtbares Gespräch eine unverzichtbare Grundbedingung, da sonst ich selbst in dem Verhandelten nicht vorkomme. Zum andern entwickelt Oser mit der Geschichte kein eigentliches Dilemma, also einen Handlungs- oder zumindest Einschätzungskonflikt, sondern viel abstrakter werden wir konfrontiert mit der Seelenlage eines geschlagenen Menschen. Warum dies für uns eine Herausforderung sein kann, wird nur verdeckt zur Sprache gebracht. Schon deshalb bedarf es auch im protokollierten Unterricht einer Zusatzfrage durch den Lehrer, um kindliche Äußerungen zu evozieren.[185]

(5) Eine weitere Schwierigkeit entdecke ich in der *Impulsfrage* zur Aufarbeitung der Geschichte: Mit der Frage „Was geht dem Mann durch den Kopf" scheint die andere bereits verbunden gewesen zu sein: „Was denkt er jetzt über Gott?"[186]. Dadurch werden die Kinder von vornherein darauf gelenkt, die Geschichte als Auseinandersetzung mit Gott zu deuten. Interessanter und für die Eigentätigkeit kindlichen Theologisierens bedeutsamer wäre die Frage, ob aus der geschilderten Erfahrung heraus die Kinder die Auseinandersetzung des Mannes mit seinem Lebensschicksal von selbst als Gottesfrage gedeutet hätten.[187] Das wäre eine Bestätigung auch für die These (die ich vertreten würde, auch weil sie spannender ist): Die Auseinandersetzung mit Gott ergibt sich durch die Erfahrung einer Tiefendimension in einer konkreten Lebenssituation. – Dafür wird im Gespräch durch die Eingangsfrage „Was soll man da sagen?" (TH 1) eigentlich eine gute Voraussetzung geschaffen: Die Kinder versuchen in ihren Antworten diese Situation durch Konkretisierungen (TH 2: Autounfall, TH 4: Erreger) auszuloten. Eine Vertiefung erfährt dieser Versuch jedoch nicht, so dass wiederum von Lehrerseite (TH 5) Gott ins Spiel gebracht wird. Auch der dritte Teil des Gesprächs wird mit der Frage „Gibt es Gott überhaupt?" (TH 19) nicht aus dem Gespräch heraus gestellt, sondern vom Lehrer als neuer Impuls eingebracht.

(6) Damit wirklich ein *Philosophieren* bzw. *Theologisieren* mit den Kindern und auch *der* Kinder selbst gelänge, käme es m.E. stärker darauf an, die Äußerungen

---

[185] In Weiterführung der Idee, Dilemmageschichten als Impulse für ein philosophisches Gespräch zu nutzen, habe ich selbst einen Versuch vorgelegt zur Konkretisierung einiger Elemente, die mir notwendig erscheinen für eine Dilemmageschichte, die sich wirklich als Impuls für ein philosophisches Gespräch eignet: Neben dem konkreten Erfahrungsbezug sind das insbesondere die Elemente Pointiertheit der Geschichte – innere Dichte – offenes Ende – Themenzentrierung – Polarisierung des Konflikts – Aporie der jeweiligen Einzelpositionen – dialogische Anlage – zur Entscheidung drängend – weitere Meinungen evozierend – Offenheit der Entscheidung. Vgl. H.-B. Petermann: Philosophieren lernen als Konzept gegen Lebensresignation? Leben und Philosophieren lernen mit Montaigne, in: ZDPE (2) 1999, 101 ff.

[186] Das Protokoll gibt hierüber keine klare Auskunft, zumindest die Antwort 7 scheint aber darauf hinzudeuten, dass die Kinder die Geschichte von vornherein unter dieser Perspektive des Gottesbezugs gehört haben und auch deuten sollten.

[187] Möglichkeiten eines differenzierteren, zunächst die konkrete Erfahrung auslotenden Arbeitsauftrags sind leicht zu überlegen. So könnten die Kinder aufgefordert werden, Briefe unterschiedlicher Personen zu schreiben, etwa der Menschen, die den Richter als zu hart empfinden, oder des Richters, der begründet, warum es gerecht aber hart urteilen muss, oder des Richters an einen Freund, dem er seine Geschichte erzählt, oder des Freundes an den Richter, der ihn in seiner Lage zu stützen versucht usf. Einige Möglichkeiten habe ich in dem genannten Aufsatz entwickelt: H.-B. Petermann 1999 (wie Anm. 185).

der Kinder weiter in ihren Schichten auszuloten und zu problematisieren. Das müsste zunächst durch Nachfragen geschehen, etwa zu der ersten Kinderantwort: Was heißt denn das, dass ein Mensch Gott fragt; geht das, und wie geht so etwas? Oder: Wie stellst du dir vor, dass „Gott es ihm bestimmt sagen würde"? Redet Gott, hören wir ihn, wie hören wir ihn? – Erst durch *Aufwerfen* solcher *Nachfragen* würde ein Gespräch entstehen, das auch die hinter solchen Äußerungen versteckten elementaren Fragen etwa nach dem Menschen als scheiterndem, fragendem, verzweifelndem, der Orientierung und des Schutzes bedürftigen Wesen zur Erfahrung bringen könnte. Auch die erste Lehrernachfrage im Gespräch „Was soll man da sagen, warum so etwas in der Welt passiert?" wird in ihrem Gewicht eigentlich nicht weiter aufgenommen. Warum denn „kann eigentlich niemand etwas dafür" – wer kann denn dann etwas dafür – gibt es so etwas wie ein hinter allem stehendes Prinzip? Oder gibt es vielmehr Erfahrungen, an denen grundsätzlich Erklärungen versagen? Was aber bedeutet das dann, wenn man vor solchen Erfahrungen nicht schlicht verstummen will – epistemologisch wie ethisch? Auch hier belässt es dieser Unterrichtsversuch dabei, *dass* Kinder theologisch für uns und für sie selbst nur möglicherweise interessante Gedanken äußern. Damit es wirklich zu einem Theologisieren der Kinder käme, müsste ihnen ein *Raum eröffnet* werden, der sie diese Gedanken auch a) als ihre eigenen, b) als von ihnen selbst mit anderen weiterzuführende und c) als möglicherweise auch in ihr konkretes Leben eingreifende erfahren ließe.

(7) Der für mich *inhaltlich interessanteste* Teil des kurzen Gesprächs ist der zweite, beginnend mit der Frage, warum Gott so etwas zulasse: Die Kinder liefern mit ihren Antworten tiefsinnige Versuche, die Frage in einer uns verständlichen und unser Leben betreffenden Weise zu beantworten. Auch hier würde ich mir erhebliche Vertiefungen erwarten, wenn nachgefragt würde: Wie stellst du dir das vor, sonst könnte etwas Schlimmeres passieren? (TH 6) Solches Nachfragen erst würde die komplizierte Thematik von Freiheit und Notwendigkeit, von Verantwortung und Determination in kindlicher Sprache entfalten können. – Insbesondere gilt das für die Schlussbemerkung dieser Gesprächsphase: Gott, der auch nicht immer in die Zukunft sehen kann (TH 18). Diese Bemerkung könnte bei Nachfrage zu einer Entwicklung der gesamten Problematik von Teleologie führen: Hat unser Leben, hat Geschichte, hat die Zeit ein Ziel? Was ist Vergänglichkeit? Warum gibt es so etwas wie Zukunft? usw.

(8) Der letzte Gesprächsteil („*Gibt es überhaupt Gott*") ist philosophisch weniger bedeutsam. Theologisch finde ich aber von außen betrachtet daran auffällig eine fast selbstverständliche Tendenz, diese Frage nicht abstrakt per Definition, sondern anthropozentrisch und erfahrungsorientiert zu beantworten. Wenn wir bedenken, dass die biblischen Glaubens-Summen stets als verdichtete Glaubens-Geschichten, also -Erfahrungen sich darstellen, ist es m.E. aufregend, dass die Kinder ganz unmittelbar antworten, dass also Gott zunächst und vor allem in und durch Geschichten und in menschlichen Erfahrungen bzw. Erfahrungen mit Menschen wie Jesus für uns zur Frage wird. Darin liegt für mich eine Bestätigung einer anthropozentrisch und erfahrungsorientiert fundierten Theologie bzw. eines Wortes wie Heilsgeschichte.

4.2. „...der Satan kann doch nicht in die Seele hineingehen..." [188]:
Der Kampf zwischen Gut und Böse

(1) Auch in diesem Unterrichtsbeispiel sind *drei Phasen* zu unterscheiden: Mit der expliziten Zielsetzung, die Auseinandersetzung um das Richter-Dilemma und die Theodizeefrage fortzusetzen, wird zu Beginn eine die mythischen Elementen der Originale aufnehmende und entfaltende Geschichte von der Erschaffung der Welt und dem Engelskampf erzählt. Zur Verarbeitung dieses Impulses kolorieren die Kinder dann zweitens einen Ausschnitt des Dürerbildes zum Engelskampf. Wiederum folgt als dritte Phase ein Unterrichtsgespräch, diesmal länger (18 Minuten) und mit wesentlich mehr Wendungen:

(2) Folgende *Themen* werden im *Gespräch* nacheinander verhandelt: (a) Wie kann der Satan in die Seele hineinschlüpfen?, (b) Welche verunsichernde Wirkung übt der Teufel in der Seele aus?, (c) Was mag sich Gott gedacht haben bei der Opposition des Satan?, (d) Welche Hilfen bietet das Hören und Lesen der Geschichte: Hoffnungsbilder – Nachdenklichkeit – Gott als Vorbild, (e) Bietet die Geschichte einen Aufruf zu selbständig und eigenverantwortlicher Lebensgestaltung?, (f) Birgt ein Mythos auch Gefahren? – Einige Fragen werden durch die Lehrperson aufgeworfen, einige, auffälligerweise auch die komplexeren und interessanteren (a, c, e, f) werden durch die Kinder selbst zur Sprache gebracht. Insofern wird durch diesen Unterricht unsere Annahme bestätigt und verstärkt: Kinder sind in der Lage, theologische Gedanken zu formulieren und auch unterschiedliche Positionen miteinander zu diskutieren.

(3) Seine Prägung erhält dieser Unterricht durch den Versuch, mit einer *Eingangserzählung* mit mythischen Elementen zu arbeiten. Nun fallen zunächst hinsichtlich der Geschichte selbst einige Elemente auf, die daran zweifeln lassen, dass es sich hier um einen wirklichen Mythos handelt: Zum ersten werden zwar Elemente eines überindividuellen, sinnstiftenden Geschehens[189] in die Geschichte eingebunden, aber immer wieder mit recht alltäglichen Dialogen, Gefühlsschilderungen, Auseinandersetzungen verwoben. Dadurch wird die Geschichte zwar vordergründig konkreter, da erfahrungsnäher, verliert aber tendenziell ihren gegenüber alltäglichen Erfahrungen sinnstiftenden Charakter. Diese Konstruktion wirkt sich zweitens auch auf die Form aus: Wenn Mythen sich auf der Handlungsebene auszeichnen durch ein pointiert verdichtetes Geschehen oder durch beeindruckende und tiefgründig-geheimnishafte Schilderungen, wird dieses der unmittelbaren Deutung sich entziehende Faszinosum relativiert durch eingeflochtene Begründungen und Erklärungen. Auch die sprachliche Form des Mythos, das Arbeiten mit Bildern, Ausschmückungen, Symbolen, wird durch solche eher logisch-diskursiven Elemente immer wieder durchbrochen. Das fällt insbesondere beim Schluss auf, der durch seinen erklärenden und auch parainetischen Charakter am Ende ganz aus der mythischen Struktur ausbricht. Auch wenn das bewusst ge-

---

[188] Unterrichtsprotokoll „Das Richter-Dilemma und der Kampf Michaels gegen Satan". Diese Aussage bezieht sich auf eine frühere Version des Protokolls von Rupp in diesem Band. Ich zitiere im Folgenden unter dem Kürzel „GB" für „Gut-Böse" und der Nummer des Gesprächsbeitrags.

[189] Ich halte mich dabei an die sehr einleuchtend von Hartmut Rupp in seinem Beitrag „Kinder brauchen Mythen" entwickelten Elemente. In diesem Band, 88f.

schieht[190], wird dem Mythos dadurch von seiner Wirkung, und damit sind wir beim dritten Element, meine ich eher etwas genommen als dass er gewönne: Mit diesen Erklärungen erhält die Geschichte eher den Charakter einer Beispielerzählung, vielleicht eines Gleichnisses, der über das Beispiel hinausgehende prägende Charakter des Paradigmatischen geht darüber, meine ich, eher verloren. Und viertens: Zwar haben Mythos und Mythe eine orientierende Funktion. Doch liegt diese Orientierungsleistung eher auf einer fundamentalen Ebene, also für unser Beispiel etwa auf der Ebene, *dass* die Auseinandersetzung zwischen Gut und Böse ein Grundproblem menschlicher Existenz ist und was das für unser Leben überhaupt bedeutet, nicht aber auf der Ebene einer konkreten Handlungsanweisung oder einer konkreten Lebenshilfe. Wird damit gearbeitet, und das scheint mir die vorliegende Geschichte zumindest am Schluss zu tun, birgt das aus mythischer Sicht die Gefahr einer vorschnellen Besetzung und Deutung, der gegenüber der Mythos gerade durch Offenheit für Deutungen geprägt ist.

(4) Allgemein ist gegen eine solche mit logischen und parainetischen Elementen durchsetzte *Konstruktion eines Mythos* zunächst nichts einzuwenden, zumal sie ja bewusst so geschieht. Doch sind, meine ich, die eigentümliche Wirkung und Funktion eines Mythos eng an die grundsätzlich deutungsoffene Form gebunden. Jeder Mythos steht zwar ohne Dechiffrierung wie ein erratischer Block da, drängt also nach Deutung. Doch die Dechiffrierung findet auf einer anderen Ebene statt als der Mythos, und das muss so sein. Wird die Dechiffrierung in den Mythos selbst eingebunden, entsteht die Gefahr, die Deutung selbst zu mythisieren. Am eindrücklichsten wird diese Gefahr im Bereich der Politisierung des Mythos.[191] Davon ist der vorliegende Versuch natürlich völlig frei. Doch der aus pädagogischen Gründen vielleicht einsichtige Versuch, eine Parainese in mythische Strukturen einzubinden, läuft, meine ich, Gefahr, die Chance zu übersehen, den Mythos als je neu brauchbare Folie zu verstehen, auf der Alltagserfahrungen thematisiert werden können, so dass diese nicht gezwungen sind, ihren Sinn ganz aus sich selbst zu entwickeln. Die Dechiffrierung des Mythos betrifft dann andererseits nur die Folie und bietet somit wiederum nur ein Bild, das für eigene Erfahrungen sich

---

[190] So Hartmut Rupp in der Erklärung in seinem Beitrag, 88.
[191] Am massivsten hat damit bekanntlich der Faschismus gearbeitet. Das sei in seinen Strukturprinzipien jedenfalls kurz per Anmerkung skizziert, um so die Gefahr der Mythisierung deutlich zu machen: Die Einbindung von mythisierenden Licht- und Wellen-Inszenierungen in die politisierende Massenbewegung hat einerseits die ansonsten krude, da vereinfachende und insofern menschenverachtende Politik in den Glanz eines überirdischen Faszinosums gepackt und ihr insofern künstlich den Schein von Allgemeinheit, Orientierung und Verbindlichkeit gegeben; andererseits wurde das Wunder elementarer Naturmächte so mit einer sehr bestimmten Deutung, nämlich der des Politischen belegt, so dass die Natur ihrerseits das Offene des Mythischen verloren hat und an die Politik als neuem Mythos abgegeben hat. Kritisch hat diese Gefahr eindrücklich Charlie Chaplin auf den Punkt gebracht, wenn er zur lichthaft mythischen Musik aus dem Vorspiel zu Wagners „Lohengrin" Hinkel alias Hitler mit der Weltkugel als Luftballon tanzen lässt: Unmittelbar deutlich wird darin das zugleich Anrührende, als habe auch Hinkel jene von ihm verachtete menschliche Ader in sich, und das Abstoßende der Ästhetisierung einer Vernichtungspolitik. Der Mythos selbst kann sich gegen solche Adaptionen nicht wehren, denn er enthält keine Deutungsanweisungen; gerade dies schützt ihn aber umgekehrt vor einer unmittelbaren Adaptation, insofern seine Deutung stets außerhalb seiner selbst liegt, er also immer zu einer kritischen Dechiffrierung drängt. Das war an diesem Beispiel strukturell zu verdeutlichen.

nutzen lässt, überlässt die Konkretisierung der Erfahrung aber der je eigenen Lebensgestaltung.

(5) Im *Gespräch selbst* sind es vor allem wieder die *Kinder*, die ihre Gedanken weiter auf einer mythischen Ebene äußern: So taucht etwa Cw (GB10), aber auch D3w am Ende mit dem Bild des Hauses für die Hölle (GB48) ganz in die mythische Bildwelt ein. Ähnlich wie beim Theodizee-Beispiel würde ich mir an diesen Stellen zunächst einmal ein verstärktes Auskosten des gerade geöffneten Bildes erwarten. Das würde den paradigmatischen und insofern auch (im o.a. Sinne) orientierenden Charakter solcher Bilder für das tägliche Leben verdeutlichen und dann auch tragfähiger machen. Was gäbe denn das für eine Kraft, wenn wir dem Teufel tatsächlich ein Haus bauen könnten, in den wir ihn hineinstecken? Er bliebe dann da – wir gehen ja an diesem Haus vorbei, aber er wäre gebannt, denn erst einmal ist er drin, und wenn er heraus will, hätten wir vielleicht einen gewissen Einfluss darauf.[192] In solcher oder ähnlicher Weise würde es, meine ich, Sinn machen, auf genannte Bilder genauer einzugehen, um über ihre Ausformulierung ihre orientierende Wirkung zu erfahren.

(6) Ebenso auffällig ist die Tendenz zur *narrativen Ausgestaltung* der Geschichte und auch von Gedanken, die den Kindern durch die Geschichte kommen, so etwa ganz deutlich Aw (GB22) in Bezug auf die Gedanken des Richters, aber auch D3w (GB24) und (GB26) in den sehr interessanten Versuchen, die Gedanken Gottes nachzuempfinden, oder (GB44) und Aw (GB71) mit der Idee, narrativ Konsequenzen zu ziehen. Das bedeutet: Das Arbeiten mit mythischen Elementen provoziert offensichtlich dazu, auf bildhafter Ebene einerseits und in narrativ ausgestaltender Form andererseits Gedanken eigenständig weiterzuführen. Wie das Element des Mythischen kann auch die Form des Narrativen eine geeignete Folie bieten, tief existenzielle, verunsichernde, beängstigende, ureigene, vielleicht sogar intime oder auch abgründige Gefühle zu artikulieren, gleichsam verpackt zur Sprache zu bringen und so einen Weg zu finden mit ihnen zurechtzukommen. Narrative Sprache ist demnach nicht etwas nur oder bloß Kindliches, was auf eine Erwachsenensprache hin gebildet werden müsste, sondern eine ganz eigene Form der Verarbeitung, Auseinandersetzung, Orientierung. Wenn gerade Kinder sie wählen, setzen sie sich auseinander, denken, gestalten. Das ernst zu nehmen, gebietet schon der Blick auf Literatur, bildende Kunst und Musik, wenn denn auch sie Orientierung und nicht nur Unterhaltung bieten.

(7) Im *Umgang* mit mythischen und narrativen Elementen dokumentiert das Unterrichtsprotokoll freilich auch die *Schwierigkeiten*: Die Lehrperson greift nicht nur relativ häufig lenkend in den Unterricht ein, sondern macht nicht selten den Versuch, eher bildhafte Äußerungen relativ unvermittelt in eine logische Erklärungsstruktur einzubinden, so schon in (GB3), obwohl mit der ersten Aufforderung „Fühl mal ..." sich ein sehr schöner Ansatz geboten hätte, auf der eher bildlich-affektiven Ebene zu bleiben. Das hätte zugleich die Möglichkeit gesteigert, mit dem Kind (GB2) und von daher auch mit anderen in einen wirklichen Dialog zu treten, der so eher unterbrochen wird. Auffällig ist auch das mehrmalige Ar-

---

[192] Vgl. dazu die eindrucksvolle Bannungsgeschichte Mk 5, in der Jesus den Besessenen dazu bringt, endlich einmal „die Sau rauszulassen", um wieder er selbst sein zu können.

beiten mit der Kausalitätskategorie (z.B. GB 29, 43, 64), was den Gedankengang der Kinder jeweils eher abbricht oder in logisches Denken einbindet, statt für weitere Ideen zu öffnen.

(8) Doch auch die Kinder brechen selbst aus aus dem Raster des *Mythos*. Aber sie tun dies, um ihn mehr oder weniger offen und auch eigenständig zu *dechiffrieren* als bloße Folie zur Anregung eigenen Denkens (so in überzeugender Weise Cw (GB 59) und vor allem Aw (GB 71)) oder auch in skeptisch-aufklärerischer Kritik an seiner Sprachform, die Eigenverantwortung mythisierend beschränke (so GB 83 und 85). Das könnte unsere Idee bestätigen, dass es über die Dechiffrierung mythischer Sprache vielleicht besser als über den direkt logisch-reflexiven Diskurs gelingen kann, gerade existenzielle Fragen von Angst, Freiheit, Verantwortung und Schuld zur Sprache und zur Auseinandersetzung zu bringen. Die in die Form des Mythos gehüllte Grundfrage nach Gut und Böse würde somit eine Folie und einen Einstieg liefern zur intellektuellen, eigenständigen und dialogischen Auseinandersetzung mit komplexeren Themen konkreter Lebensgestaltung. Insofern würde ich die These von Hartmut Rupp gern variieren: Kinder brauchen Mythen, ja, aber um sie dechiffrieren zu können. Der Wert von Mythos und Mythen und das Programm der Entmythologisierung hängen insofern unmittelbar zusammen.

4.3. „... weil man da sich selbst steuert ..."[193]: Das Problem des freien Willens

(1) Grundsätzlich: Dieses letzte Protokoll ist unter philosophischer, aber auch theologischer Perspektive und auch unter der Frage eines *Modells für ein Theologisieren mit Kindern* für mich das mit Abstand interessanteste. Das liegt weniger an der elaborierten Thematik, vielmehr an den ungewöhnlichen Fähigkeiten dieser Kinder, sich auf diese Thematik einzulassen, gewiss aber auch an einer ausgezeichnet geglückten Mischung von Gesprächsimpulsen, Angeboten zum Selberdenken, Strategie der Nachfragen, Dialogbereitschaft und natürlich auch Sachkompetenz von Seiten der Lehrerin.

(2) Eine *gliedernde Übersicht* über den Unterrichtsverlauf ist hier von besonderem Interesse, weil sowohl im Fortschritt der Gedanken als auch in den eingebauten Elementen zur Gesprächssteuerung sich klare Strukturen erkennen lassen, die für ein philosophisches und theologisches Gespräch mit Kindern als modellhaft angesehen werden können: Das Protokoll beginnt bereits in Minute 25. Für unseren Zusammenhang, die Diskussion des freien Willens, ist es wichtig, zwei Voraussetzungen zu benennen: Zum einen hatten die Kinder sich offenkundig in einer der vorausliegenden Stunden mit Gottesbildern auseinandergesetzt, und zwar nicht mit der viel zu allgemeinen Frage, welches Bild die Kinder denn von Gott haben, sondern mit der sehr viel konkreteren, wie das Verhältnis Gottes zu den Menschen in ein Bild zu fassen wäre. Darauf nimmt die Lehrerin mit ihren Kindern ab Minute 44 (FW 77) Bezug. Insofern ist die Stunde eingebunden in einen größeren Zusammenhang; auch von daher erhält sie die ihr eigentümliche

---

[193] Unterrichtsprotokoll „Freier oder unfreier Wille?" in diesem Band, 57, Nr. 33. Ich zitiere im Folgenden unter dem Kürzel „FW" für „Freier Wille" und der Nummer des Gesprächsbeitrags.

Spannung.[194] – Den Impuls zur Auseinandersetzung um den freien Willen im engeren Sinn liefert das (noch nicht protokollierte) Beispiel von Gabi, die aus Verärgerung den Walkman ihres Bruders heruntergeworfen hat (vgl. FW 65,68). Mit der konkret erfahrungsbezogenen Frage, wodurch unser Tun im unmittelbaren Affekt gesteuert werde, beginnt der protokollierte Teil der Stunde: Was mag Gabi „geritten" haben, dies zu tun (FW 4)? Die Stunde ist damit eingebunden in eine ethische Fragestellung, mit der sie auch wieder schließt. Sie liefert den notwendigen Rahmen, die schwierige Frage nach Freiheit erfahrungsorientiert verhandeln zu können.

(3) Die *Stunde* verläuft dann weiter in gut abgrenzbaren *6 Teilen*: Im 1.Teil (Minuten 25-41) erläutern die Kinder, ausgehend von der Skizze der Position Luthers (FW 4,6,10) mit ihrer Lehrerin dieses Bild, zunächst (a) in einer kurzen Verständigung (FW 10-23), dann (b) in einer die Frage Gott oder Teufel entfaltenden Erörterung (FW 24-64). In einem unmittelbar anschließenden kürzeren 2.Teil (Minuten 41-43) wird dann die Stimmigkeit des Lutherschen Bildes überprüft (FW 65-76). Einen Übergang bildet der 3.Teil (Minuten 44-48), der diese Auseinandersetzung nun einbindet in die bereits früher von den Kindern hergestellten Bilder zum Verhältnis „Gott-Mensch" (FW 77-102). Die kritische Überprüfung der Bilder mit den jetzt erreichten Ergebnissen eröffnet zugleich den 4.Teil (Minuten 49-54), nämlich die Konfrontation mit dem Gegenmodell zu Luther, Erasmus. Zunächst geschieht ganz entsprechend zum ersten Teil eine Verständigung über dieses neue Bild (FW 103-116), während der 5.Teil entsprechend dem zweiten (Minuten 55-64) im unmittelbaren Anschluss das Bild auf seine Stimmigkeit überprüft. Mit einem kurzen 6.Teil (Minuten 64-66) schließt die Stunde, indem das kritische Ergebnis der Erasmus-Diskussion in die eher nur noch als Frage formulierte Problematisierung einer Ethik über Erasmus und Luther hinaus überführt wird (FW 157-168).

(4) Die (Über-)Länge des Gesprächs ist nur insofern ein Einwand gegen die Durchführung, als sie in dieser Form nicht planbar ist. Aufgewogen wird dieser Einwand, da die Stunde getragen ist von der außergewöhnlichen Bereitschaft jüngerer Kinder, sich über 60 Minuten auf einen dichten Diskurs[195] einzulassen. Zudem leistet die Lehrerin eine sehr geschickte *Gesprächsführung*: Die Rekonstruktion hat verdeutlicht, dass planerisch die Stunde getragen ist a) von einer klaren Anbindung an einen größeren Horizont, nämlich unser Bild zum Verhältnis Gottes zu den Menschen, b) einer zu Beginn und am Ende sehr klar im Zentrum stehenden Thematik, nämlich der Frage nach der Autonomie moralischen Verhaltens (angesichts dieses Gottesbildes, hier aber ausgehend von einer ganz konkreten

---

[194] Vielleicht gehört es zu den Eigentümlichkeiten des Religionsunterrichts wie auch des Philosophie- und Ethik-Unterrichts, dass, jedenfalls nach meinen Erfahrungen, das Arbeiten in größeren Sinnzusammenhängen nicht zur Klimaverbesserung beiträgt, sondern auch die je persönliche Wirkung verstärken hilft. Als sehr förderlich auch für die tieferen Ziele des Religionsunterrichts, zu einer bewussten Auseinandersetzung und Entscheidungsfähigkeit mit „Glaubensdingen" zu befähigen, ist in meinen Augen der Versuch, im Katholischen Religionsunterricht in Baden-Württemberg für die einzelnen Klassen jeweils ein Jahrgangsthema vorzugeben, an das alle Einzelthemen angebunden werden können, so dass etwas wie ein roter Faden entsteht.

[195] Von Diskurs rede ich bewusst, weil es sich um mehr als ein schlichtes Unterrichtsgespräch handelt. Vgl. unten zur Analyse der Gesprächsform.

Alltagssituation), welche c) entfaltet wird durch das die Stunde ebenso klar strukturierende Material, nämlich die Konfrontation der Positionen von Luther und von Erasmus als Folie zur Erörterung der Frage der Freiheit der Moral. Auch diese Entfaltung folgt einem deutlich rekonstruierbaren logischen Muster, nämlich zunächst jeweils die quaestio facti zur Erschließung der jeweiligen Position zu stellen (Teile 1 und 4), dann die quaestio iuris zur Erörterung ihrer Stimmigkeit (Teile 2 und 5).

(5) Zudem arbeitet die Lehrerin für die einzelnen Teile nie auf der gleichen Ebene, sondern mit stets wechselnden *Methoden*, wodurch es gelingt, je neu einen Spannungspunkt zu setzen, so dass die Stunde zwar lang, aber nie langweilig wird. Wie gelingt das? Die Einführung der Lutherschen These zum gebundenen Willen (Teil 1) geschieht bewusst nicht über den Text oder auch den umgeschriebenen Text von Luther[196], sondern a) durch eine Mischung aus *Visualisierung* des Lutherschen Bildes vom Reittier Mensch und aus *narrativem* Nachempfinden der Nuancen dieses Bildes, sowie b) der Erschließung des Bildes über die Frage nach entsprechenden konkreten Erfahrungssituationen (FW 10). Konkreter *Erfahrungsbezug* und das Arbeiten mit *Bildern* (die Box, FW 27, später der Traum, FW 43) ist Merkmal auch der sich daran anschließenden, konzentrierten Diskussion (s.u.). Die Übergangsphase (3) bleibt zwar wie der gesamte Unterricht gesprächsorientiert, bezieht sich als Quellen des Gesprächs nun jedoch auf von den Kindern zuvor *gemalte Bilder*. Die Erasmus-Teile (4) und (5) greifen dann zu einem ganz neuem Mittel: Der Textvorlage entsprechend, die wiederum als solche nicht Gegenstand wird, greift die Lehrerin zum *Spiel* mit Puppe und Apfel (FW 103 sowie 107) und lässt dann die Kinder die These durch kommentierendes und erläuterndes Nachspielen erfassen.

(6) Basis für diese Fähigkeit der Unterrichtsgestaltung ist zunächst einmal ein solide *theologische Sachkenntnis*. Gerade die visuelle, narrative und spielerische Umsetzung der Texte von Luther und Erasmus kann nur gelingen und als Gesprächsimpuls wirksam werden, wenn diese in der Vorbereitung detailliert überlegt und nach Möglichkeiten ihrer Deutung hin entfaltet worden sind. Das aber setzt wiederum die Fähigkeit voraus, Ergebnisse auch in theologische Kategorien wie Gottesbild, menschliche Freiheit und Bindung, Soteriologie, moralische Verantwortung usw. einordnen zu können. Dass dies auch im vorliegenden Fall geschehen ist, dokumentiert die Sensibilität, mit der die Lehrerin auf Äußerungen ihrer Kinder einzugehen und sie (implizit) einzuordnen in der Lage ist. Oder: Diese Lehrerin ist in der Lage, mit den Kindern zu sprechen, weil sie zugleich ihre Theologie im Hinterkopf hat.[197]

---

[196] Die Philosophiedidaktik arbeitet heute mit recht differenzierten Möglichkeiten eines kreativen Umgangs mit Vorlagen, so dass die Lesung und Interpretation eines Textes keineswegs mehr das vorrangige Unterrichtsmittel ist. Vgl. dazu neuerdings das Heft (2) 2000 der ZDPE unter dem Titel „Transformationen: Denkrichtungen der Philosophie und Methoden des Unterrichts." Diese Methodendiskussion soll im Zweiten Jahrbuch für Didaktik der Philosophie (Dresden 2001) entfaltet werden. Vom Autor vgl. dazu auch: H.-B. Petermann: Philosophieren als Konzept gegen Lebensresignation? Leben und Philosophieren lernen mit Montaigne, in: ZDPE (2) 1999, 101-109; sowie ders.: „Sei ein Philosoph, doch bleibe, bei all deiner Philosophie stets Mensch."(zu D. Hume), in: ZDPE (3) 2000.

[197] So Gerhard Büttner in einem Gespräch mit mir über dieses Unterrichtsbeispiel.

(7) Die andere Basis für diese unterrichtliche Fähigkeit ist das Vermögen zu einer interaktiven *Gesprächsführung*: Die Steuerungen durch die Lehrerin erweisen sich immer als Impulse, die nicht für sich selbst stehen, sondern sowohl in völliger Angemessenheit gegenüber der zur Debatte stehenden Sache, als auch so, dass sie die Eigentätigkeit der Kinder anregen. Dazu zählen immer wieder eingestreute Nachfragen, wie denn etwas gemeint sei (z.B. FW 20, 41, 85), eine Äußerung genauer zu erklären (z.B. FW 16, 30!!, wo die Lehrerin den Impuls der Schülerin aufgreift, 44, 63, 93) oder auch mit Gegenfragen zu konterkarieren (z.B. FW 24, 78, 129 ff.) wie auch in Bestätigung einer Aussage (z.B. FW 20, 56, 101, 150). Diese Steuerungstechniken lassen sich ohne Umstände als Elemente des *sokratischen Gesprächs* deuten, auch wenn die Lehrerin nicht bewusst damit gearbeitet hat. Verblüffende Parallelen zeigen sich zu den folgenden Elementen: Das Gebot der Zurückhaltung der eigenen Einsicht, um sie den Teilnehmern selbst zu ermöglichen; das Gebot, im Konkreten Fuß zu fassen, seien es Beispiele, konkrete Erfahrungen oder Handlungsbezüge; das Gebot, das Gespräch als Hilfsmittel des Denkens voll auszuschöpfen, d.h. durch Nachfragen einen Gedanken auch möglichst vollständig aussprechen zu lassen; das Gebot, an einer erörterten Frage festzuhalten, etwa durch Nachfragen zu dem gerade zur Verhandlung stehenden Thema; das Gebot, Konsens anzustreben, hier etwa durch das Nachfragen, ob etwas von einem anderen auch wirklich so gemeint ist (z.B. FW 150 u.ä.); und das Gebot der expliziten Lenkung, das heißt stets als Lehrer selber zu wissen, wo man im Gespräch steht.[198] – Ein anderes Merkmal ist das der wahrhaften *Dialogbereitschaft*. Nie geht es hier um ein schlichtes Frage-Antwort-Spiel, sondern stets um die gemeinsame Entfaltung von Gedanken und Ideen. Dazu gehört auch die Fähigkeit, sich in die Ideen der Kinder einzufinden und zu versuchen, sie mit ihnen gemeinsam weiter zu entfalten. Eindrückliches Beispiel dafür ist das Bild von der Box, das Elisabeth eingebracht hat (FW 27) und das nun von der Lehrerin aufgegriffen wird, um die Stunde mit einer neuen Thematik zu beleben: Man wird nicht nur geritten vom Teufel oder von Gott, sondern steht auch in der Box, reitet sich also selbst (FW 30 ff.).

(8) Nun ließe sich einwenden: Das alles sind Inszenierungen durch die Lehrerin; wo aber agieren die *Kinder* selbst? Also doch eher ein Beispiel für eine Theologie (bloß) *für*, nicht aber *der* Kinder? Das Gegenteil ist der Fall: Das behauptete Lehrerverhalten bietet eine notwendige Basis, so meine These, mit deren Impulsen die *Eigentätigkeit der Kinder* angeregt und zur Entfaltung gebracht wird. Das geschieht vieldimensional: Es geht (a) um das eigene Denken, (b) um das Denken im Dialog, auch (c) das Denken im und durch den Erfahrungs- und Handlungsbezug und schließlich (d) auch um das Denken in logischer Konsistenz.[199] –

---

[198] Die genannten Kriterien sind der Zusammenfassung bei Gustav Heckmann: Das sokratische Gespräch. Frankfurt 1993, 84 ff., entnommen und von mir auf die hier zur Debatte stehende Situation entfaltet worden. In einer genaueren Analyse wäre es sicher ohne Probleme möglich, diese These zu erhärten und auch durch vergleichenden Bezug auf die von Platon überlieferten historischen sokratischen Dialoge zu ergänzen.

[199] Damit sind Grundelemente einer Didaktik des Philosophierens mit Kindern benannt, an deren Entfaltung ich z.Zt. arbeite. Vgl. die Hinweise in H.-B. Petermann 2000 (wie Anm. 165), Anm. 127. Diese Elemente orientieren sich an den Kantischen „Vorschriften" zum selbsttätigen Philosophieren: „1) Selbstdenken, 2) sich (in der Mitteilung mit Menschen) an die Stelle des anderen zu denken, 3) jederzeit mit sich selbst einstimmig zu denken." [Kant: Anthropologie in

Exemplarisch beschränke ich mich dabei auf den ersten Teil und nenne zu den einzelnen Dimension jeweils Beispiele mit kurzer Erläuterung:

a) Mehrfach bringen die Kinder *eigene Ideen* in das Gespräch ein und antworten nicht schlicht auf die Lehrerfragen. Am klarsten wird das vielleicht durch die Idee von Elisabeth (FW 27), mit dem Bild der Box nicht nur eine Antwort auf die Frage FW 24 zu geben, sondern die darin angesprochene Problematik, wer uns denn nun reite, der Teufel oder Gott, eigenständig weiterzuentwickeln durch die Antwort „meistens keiner"; darüber hinaus gelingt es Elisabeth sogar, damit den Impuls geliefert zu haben, der das Gespräch weiter bestimmt und sogar später wieder aufgegriffen wird (FW 75 und 120 ff.). – Einen ganz neuen und tiefsinnigen Gedanken liefert auch Martin mit dem Hinweis der Selbststeuerung (FW 33). Und auch Hendrik bringt mit dem Thema Traum-Schlaf nicht nur ein neues Beispiel, sondern ein ganz neues Denkelement ins Gespräch (FW 43).

b) Die Kinder nehmen nicht nur Ideen anderer Kinder auf, sondern entwickeln sie auch *dialogisch* weiter, so etwa Larissa (FW 19) unter Bezug auf die schon länger zurückliegende Äußerung von Kevin (FW 13), die in ihrem Beitrag zugleich weitergedacht und mit den zwischenzeitlich geäußerten Meinungen verknüpft wird. Ebenso bezieht sich Tillmann (FW 23) auf Niko (FW 17) oder Elisabeth (FW 74) auf Julia (FW 72).

c) Durch *Erfahrungsbezug* ist das ganze Gespräch gekennzeichnet. Gleich zu Beginn greifen die Kinder den Impuls der Lehrerin (FW 10) bereitwillig auf. Am interessantesten sind wiederum die Beispiele von Elisabeth (FW 27) und Hendrik (FW 43), die die Sachthematik auf der Ebene eines anschaulichen Beispiels aus der alltäglichen Erfahrung diskutieren. Elisabeth ist durch ihre erfahrungsorientierte Antwort sogar genauer als die eher abstrakte Frage der Lehrerin, ob uns Gott oder Teufel reite (FW 26): Lebendig wird diese Frage dadurch, dass sie erfahrungsbezogen durch die Kinder selbst zur Frage umformuliert wird, an Situationen zu diskutieren, inwiefern man wie geritten wird. – Der *Handlungsbezug* im Sinne der Applikation des eher theoretisch Erörterten auf das eigene Leben durchzieht das Gespräch in gleicher Weise und wird keinesfalls nur durch die Lehrerin (mit dem Beispiel der Entscheidung FW 52) eingebracht: So argumentiert Larissa (FW 68) ganz auf das eigene Leben bezogen. Die Folie des Erasmus-Beispiels im 4. und 5. Gesprächsteil wird dann von den Kindern sehr lebendig genutzt, sich handlungsorientiert dem Problem des freien Willens zu nähern.

d) Am auffälligsten aus philosophischer Sicht ist dann die innere Konsistenz und Logik gerade des ersten Gesprächsteils: Keineswegs nur durch Assoziationen oder gar zufällige Einfälle bleibt das Gespräch in Gang. Schon die Situationen, die anfangs genannt werden zur Überprüfung, dass wir zuweilen geritten werden (FW 11 ff.) liefern Beispiele auf ganz unterschiedlichem Niveau, das durch die Antworten hindurch gesteigert wird: Man tut, was halt so passiert (FW 15),

---

pragmatischer Hinsicht (1798). I. Didaktik, A 123]. Als didaktische und sogar curriculare Struktur wurden diese Elemente auch in die Lehrpläne der Fächer „Philosophie" bzw. „Philosophieren mit Kindern" in Schleswig-Holstein bzw. Mecklenburg-Vorpommern übernommen.

man tut, was man eigentlich nicht will (FW 11,13), man tut, was einem gleich wieder leid tut (FW 19), man tut etwas, um die eigene Haut zu retten (FW23). Ein Fortschritt des Gedankens ist noch deutlicher im Folgenden zu erkennen: Die Idee der Box als Erläuterung dafür, dass man normalerweise nicht geritten werde, wird entfaltet durch die Reihung: quantitativ (nicht jeden Tag: FW 27) – qualitativ (nur bei Wut, nicht normalerweise: FW 29) – strukturell (in der Regel selbstgesteuert: FW 33); damit ist (von Kinderseite aus!) die Idee der Autonomie ins Spiel gebracht, die nun weiter differenziert wird: normalerweise (FW 35) – in Bewegung befindlich (FW 37) – im Ruhezustand, im Schlaf (FW 39); dieser letzte Gedanke erregt sofort Widerspruch bei Hendrik: Im Traum werde man ja doch gesteuert (FW 43) – wiederum ein neuer, aber logisch an das Bisherige sich anschließender Gedanke.[200]

(9) Schließlich ist die Eigenständigkeit *theologischen Denkens* hervorzuheben. Auch hier unterscheide ich gemäß der oben entwickelten Kriterien zwischen der theologischen Sach-Ebene und der persönlichen Glaubens-Ebene. *Sachlich* zunächst denken die Kinder dieser Stunde nicht nur alle Themen mit, sondern entwickeln selbständig theologische Sachprobleme. So wird die Frage menschlicher Autonomie angesichts grundlegender Steuerung durch Gott durch die Kinder selbst angesprochen (FW 33 ff.!!). In der Differenzierung dieser Frage merken die Kinder dann schnell, dass eine alltägliche Entscheidungsfrage, wie etwa die zwischen Mars oder Bounty eben keine Glaubensfrage ist (FW 53), also auch keine moralische Qualität besitzt oder nicht mit einer Gewissensentscheidung verwechselt werden darf. In dieser Einsicht ist ein ganzes moraltheologisches Konzept angelegt, das bereits im Gespräch fruchtbar entfaltet wird: Ganz konsequent wird (mit Verweis auf diese Autonomie!) die Mentalität des Abschiebens von Verantwortung auf Strukturen oder Gott oder Teufel kritisiert, ja lächerlich gemacht (FW 66 ff., besonders 70). Dass Gott deswegen nicht aus dem Spiel fällt, überlegen wiederum die Kinder selbst, und zwar (natürlich!) nicht durch abstrakte Antworten, sondern konkret durch Entwicklung einer Soteriologie: Gott ist der Nothelfer (FW 82). Von daher wird sogar ein außerordentlich differenziertes Gottesbild gezeichnet: Die Metapher der Durchsichtigkeit (FW 84) kann durchaus stehen für einen Ansatz negativer Theologie („wir können ihn nicht sehen"!, FW 86), der gleichwohl wiederum nicht agnostisch missverstanden wird, sondern in Konfrontation mit Gottes „Unfertigkeit" (Er kann Fehler machen! FW 90 ff.!!) wieder als Impuls zur Eigenverantwortung gedeutet wird („... damit wir uns selbst aus dieser Situation rausbringen" FW 98). Und ganz konsequent wird dieser Gedanke am Ende heilsdimensioniert aufgenommen, wenn Gott als „Gott für die Armen" (FW 165!!) nicht allein gedacht, sondern eben als Handlungsimpuls auch geglaubt und somit in gewisser Hinsicht auch verkündet wird.

---

[200] In seinem Buch „Philosophische Gespräche mit Kindern" kommt Matthews 1989 (wie Anm. 151) zu ganz ähnlichen Ergebnissen: Entgegen entwicklungspsychologischen Modellen sind, so M., Kinder durchaus zu in sich konsistenten Gedankenführungen, ja sogar logischen Operationen in der Lage. Eindrucksvoll verdeutlicht er das am Beispiel der kindgemäßen Anwendung des Transitivitätsprinzips (S. 56 f.); kindgemäß wird dies nur insofern zur Sprache gebracht, als Kinder offensichtlich (und so auch in der vorliegenden Unterrichtsstunde) stärker in bildhafter und phantasievoller Weise philosophieren (vgl. S. 40 ff.).

(10) Damit ist das Wesentliche auch hinsichtlich der *Glaubensdimension* der kindlichen Äußerungen gesagt: Nirgends gesteuert, sondern nur motiviert durch Lehrerimpulse gelingt es den Kindern dieser Klasse, nicht allein reflexiv theologisch interessante Gedanken zu fassen, sondern sie auch eigenständig weiterzutreiben, gemeinsam zu entfalten und an der konkreten Lebensführung zu prüfen, so dass ihr theologisches Denken letztlich zu einer Weitergabe froher Botschaft an andere führt: Glaubst du an Gott, so fasse Mut, du selbst zu sein und selbständig Verantwortung zu tragen, auch für andere, denen Gott darin sichtbar werden kann. – Wenn das kein authentisches und eindrucksvolles Zeugnis kindlichen Theologisierens und kindlicher Glaubensbezeugung ist!

5.

Ausgehend von unserer Grundfrage: Warum und inwiefern sind kindliche Äußerungen von philosophischer und theologischer Qualität? kann ich zusammenfassen:

1. Grundsätzlich sollte nicht von einer (verkindlichenden) Theologie für Kinder, sondern von einer Theologie der Kinder die Rede sein. Erst das eröffnet die Frage nach eigenständigen theologischen Gedanken von Kindern sowie nach möglichen Formen kommunikativer Auseinandersetzung mit solchen Gedanken.

2. Philosophie und Theologie weisen als Bereiche menschlicher Erfahrung und Erkenntnis einen wesentlichen Unterschied auf:

a) Philosophie vollzieht sich als empathetischer Bezug auf Weisheit (im Unterschied zu Weisheit wie auch zu Weisheitslehre) stets in Form eines sich seiner selbst bewussten also reflektierenden Denkens.

b) Theologie aber lässt sich vom Wortsinn her weiter fassen: jede Äußerung von Glauben, so er sich mitteilt – in vielfältigen Formen –, kann mit gutem Grund als Theologie verstanden werden.

3. a) In diesem Sinne sind Kinder keine Philosophen, wohl aber (mehr als mancher Erwachsene) philosophisch Ahnende.

b) Aufgabe eines Philosophierens mit Kindern ist es daher, mit den Kindern philosophisches Fragen zu kultivieren und darin Wege zu ebnen hin zu Ebenen philosophischer Reflexion.

4. a) *Theologen* sind Kinder viel eher, insofern sie sich und uns originäre Glaubenserfahrungen mitteilen. Theologisieren mit Kindern erinnert daher die Theologie an die eigene Basis, die sie in Glaubens-Erfahrungen hat, und ermöglicht andererseits Kindern, Wege zu beschreiten, im Glauben zu wachsen, Glauben auch bewusst zu leben.

b) Philosophische Auseinandersetzung mit kindlicher Theologie hat in diesem Zusammenhang die Aufgabe, Glaube (in seinem auch Mitteilung einschließenden Sinn) als elementare Dimension menschlicher Erfahrung zur Reflexion zu bringen.

Was bedeutet es demnach für die Theologie, wenn Kinder Theologen sind und zu welchen religionspädagogischen Konsequenzen für ein Theologisieren mit Kindern muss eine solche Sicht führen? Ich schließe aus meinen Bemerkungen:

5. Eine Theologie der Kinder gibt es.

- Kinder formulieren sie erfahrungsbezogen, aber nicht immer direkt, sondern meist verborgen hinter einer vorgegebenen oder bildhaften oder narrativen Sprachform. Das erinnert uns daran, dass jede Theologie ihren Wert verliert, wenn sie nicht in konkreten Lebenserfahrungen verortet wird.
- Traditionen der Theologie einschließlich ihrer Dogmen sind ebenso nichts anderes als verdichtete Glaubenserfahrungen. Nur als solche haben sie bleibenden Wert für heute und über das Heute hinaus.
- Theologie ist Theologie nur im Hinblick auf gelebtes Leben; theologisch ausgedrückt: Orthodoxie hat ihr notwendiges Korrelat in Orthopraxie.

6. Für das theologische Gespräch mit Kindern folgt für mich:

- Impulse für ein solches Gespräch liefern nur solche Medien, seien es Texte, Bilder oder Aktionen, die als symbolisch vermittelte auf *Dechiffrierung* drängen.
- *Dilemma*-Geschichten sind ein geeignetes Mittel, solche Gespräche in Gang zu bringen. Kriterium für eine gute Dilemma-Geschichte aber ist ihr konkreter Erfahrungsbezug wie die in ihr selbst angelegte Provokation zu unterschiedlichen Antworten.
- *Mythische* Elemente können Folien bieten, narrativ ein Problem zur Erfahrung zu bringen sowie in der Dechiffrierung Wege zu eigenverantwortlichem Denken und Handeln zu eröffnen.
- Ebenso können spielerische und *interaktionelle Elemente* geeignete Impulse liefern, dass Kinder erfahrungsorientiert in eine Fragestellung eingebunden werden, um so für sich Wege der Auseinandersetzung freizulegen.
- Das theologische *Gespräch* mit Kindern lebt davon, zunächst einmal die Kinder selbst sich äußern zu lassen, dann aber auch durch gezieltes Nachfragen mit dem Geäußerten ins Gespräch zu bringen. Wege zu einem solchen Gespräch können Formeln bieten wie: Was meinst du mit ...? oder: Beschreibe mir deinen Gedanken noch mal genauer ... oder auch kommunikativ: Wer hat verstanden, was N. gerade gemeint hat und könnte das versuchen auszuformulieren ...? usf. – Doch läuft ein solches Gespräch nicht von selbst; die Kenntnis philosophischer Gesprächsführungsformen, etwa des Sokratischen Gesprächs, liefert eine gute Voraussetzung solche Gespräche führen zu können.

Die kommentierten Unterrichtsbeispiele bieten aus meiner Sicht genügend Belege für diese Thesen.

Reto Luzius Fetz/Karl Helmut Reich/Peter Valentin

Weltbildentwicklung und Schöpfungsverständnis

Eine strukturgenetische Untersuchung bei Kindern und Jugendlichen

384 Seiten mit ca. 10 Abbildungen und Tabellen. Kart.
DM 57,90/€ 29,60
ISBN 3-17-017092-9

Weltentstehung und Gottesfrage hängen sowohl in der Menschheitsgeschichte als auch in der Entwicklung des Einzelnen eng miteinander zusammen. Die hier vorgelegte interdisziplinäre Untersuchung verknüpft bewusst Ideen- und Individualgeschichte. Neue Wege werden bei der theoretischen und empirischen Erschließung der Individualentwicklung beschritten. Geklärt wird, wie sich die Reflexion entwickelt, das Wirklichkeitsverständnis ausbildet sowie Religion und Naturwissenschaft aufeinander bezogen werden. Fallstudien vermitteln einen umfassenden Einblick in die Entwicklung des Weltbildes von Kindern und Jugendlichen. Praktische Konsequenzen werden für Philosophie- und Religionsunterricht gezogen.

Die Autoren:

Professor Dr. **Reto Luzius Fetz** lehrt Philosophie an der Katholischen Universität Eichstätt, Dr. **Karl Helmut Reich** forscht auf dem Gebiet kognitive und religiöse Entwicklung an der Universität Freiburg/Schweiz, Dr. **Peter Valentin** ist Psychologe und arbeitet als Managementberater in Bern.

Kohlhammer

W. Kohlhammer GmbH · 70549 Stuttgart · Tel. 0711/78 63 - 72 80